# DER SPAR SCHWEIN BAUM

Gesamtbearbeitung: Susanne Carl
Lektorat: Simone Gras, O/D Ottweiler Druckerei und Verlag GmbH
Covergestaltung und Illustrationen: Madita Recktenwald
Druck: O/D Ottweiler Druckerei und Verlag GmbH

1. Auflage 2018

Habichtstraße 20b
45527 Hattingen
Tel.: 02324/9219771
Fax: 02324/9217888

 Dieses Buch will keine spezifischen Anlagenempfehlungen geben und enthält lediglich allgemeine Hinweise. Autor, Herausgeber und die zitierten Quellen haften nicht für etwaige Verluste, die aufgrund der Umsetzung ihrer Gedanken und Ideen entstehen.

Den Autor erreichen Sie unter:
info@sparschweinbaum.de

ISBN 9783981972207

**Weitere Infos zum Thema:**
**www.sparschweinbaum.de**

# DER SPARSCHWEINBAUM

## Die Geschichte von Max, dem Sparfuchs

Ein Lehrbuch für Kinder und Jugendliche von Bernd Grigat

# Inhalt

# 1 Vorwort

Liebe Leser, ich schreibe dieses Buch, weil ich in meinem Leben viel über das Sparen und Anlegen gelernt habe, ich aber in meiner Kindheit ein solches Buch vermisst habe. Es ist zwar immer gut, viel über das Thema Geld mit all seinen Facetten zu lernen, aber ein extrem wichtiger Punkt beim Investieren ist das Thema Zeit und die kann man bekanntlich nicht zurückdrehen.
Am besten fängt man so früh wie möglich an, alle wichtigen Stellschrauben zu justieren, damit man später nicht sagen muss: „Hätte ich das schon damals gewusst!"
Dieses Buch soll allen Menschen spielerisch, in einfachen Worten ausgedrückt zeigen, wie man auch schon im jüngsten Alter richtig und clever sparen kann. Wenn die Ausbildung über das Thema Geld möglichst früh in den Lehrplan mit aufgenommen wird, hat man später im Leben immense Vorteile.

Die Zeit läuft:
tick ... tack ... tick ... tack ...

Da ich noch kein berühmter Schriftsteller oder Redner bin, möchte ich mich gerne kurz vorstellen. Wie ihr vielleicht schon auf dem Cover gelesen habt, heiße ich Bernd Grigat. Meine Eltern haben mich 1976 in Hannover zur Welt gebracht. Da ich in einem Unternehmerhaushalt groß geworden bin und meine schulischen Leistungen nur so durchschnittlich waren, hatte ich die Chance in der 8. Klasse wahrgenommen und bin aufs Internatsgymnasium Bad Sachsa gegangen. Gut gefördert, habe ich dann ein recht passables Abitur absolviert und hatte den Wunsch zu studieren. Da ich immer noch ein Spätzünder war, habe ich, nachdem ich mich für das Studium der Wirtschaftswissenschaften in Hannover eingeschrieben hatte, eher schlecht als recht versucht, mich durchzumogeln. Schließlich merkte ich, dass ich hier nicht richtig aufgehoben war.

Spätestens an dieser Stelle muss ich voller Liebe und Dankbarkeit an meine Eltern und Großeltern denken und ihnen für alles, was sie mir ermöglicht haben, einen riesendicken Kuss zuwerfen.

Neben dem Studium war es mein großer Traum, ein Jahr lang die Welt zu bereisen und Englisch zu lernen. Sie ermöglichten mir diesen Traum und während ich in London für ein sprachliches Grundstudium sowie in Australien und Amerika war, hat sich mein Horizont unheimlich erweitert und ich habe diese Zeit neben der englischen Sprache auch genutzt, um fantastische Länder kennenzulernen und vor allem um meinen Lebenssinn zu finden.

Das gute an dieser Zeit war auch, dass die Uhr für den Spätzünder in mir weitertickte und ich jetzt bei meinem Studium der Wirtschaftsinformatik an der EBS, European Business School, Schloss Reichartshausen so richtig durchstartete und einen sehr guten Abschluss als Diplomkaufmann zu Stande bekam. Ich habe dann einige Jahre in der Möbelbranche, in der ich groß geworden bin, als kaufmännischer Leiter gearbeitet und habe schließlich mein Hobby zum Beruf gemacht und bin Vermögensberater bei der Deutschen Vermögensberatung DVAG geworden.

Meine Vorstellung habe ich etwas ausführlicher beschrieben, da ich hoffe, dass auch viele jüngere Leser dieses Buch in den Händen halten, und ich hiermit gleich am Anfang eine wichtige Botschaft loswerden möchte:

„Lasst euch nicht runterziehen, wenn nicht alles so gut in der Schule oder auch später läuft, es gibt oft Leute, die besser sind, oder ihr seid genauso wie ich ein Spätzünder. Aber das Wichtigste ist es, niemals aufzugeben, wenn man etwas wirklich will!
Nehmt euch die Zeit, euer Ziel herauszufinden. Dann verfolgt dieses Ziel zu 100 % auch in schwierigen Zeiten. Lasst auf jeden Fall all eure Energie in dieses Vorhaben fließen, dann wird es höchstwahrscheinlich klappen!“

# 2 Widmung

Ich widme dieses Buch meiner tollen Tochter. Laura wurde am 03.03.2014 geboren und wenn man als Mensch das große Glück hat, die Geburt der eigenen Kinder mitzuerleben, dann bekommt der Ausdruck „Das Wunder des Lebens“ eine ganz neue Bedeutung.
Ich bin so dankbar, dass ich mit meiner wunderbaren Frau zusammen diese Zeit der ständigen Veränderung und täglichen Herausforderungen zusammen erleben darf.
Natürlich ist es manchmal auch sehr stressig, den Beruf, den normalen Alltag und dann noch das eigene Kind unter einen Hut zu bekommen. Aber wenn Laura einen dann anlächelt und „Ich habe dich lieb Papa“ sagt, dann schlägt das Herz gleich höher und alles, was die Seele vielleicht gerade belastet, ist mit einem Streich beiseite gewischt.
Ich wünsche jedem Menschen, dass er auch das Glück hat, dieses Wunder mitzuerleben.
Natürlich will ich für meine kleine Maus auch in finanzieller Sicht alles richtig machen und da ich beruflich mit diesem Thema zu tun habe, es aber auch schon vorher mein Hobby war und ich für dieses Thema wirklich brenne, ist mir die Idee gekommen, dieses Buch für Laura zu schreiben.
Natürlich treffen wir auch in den nächsten Jahren alle Entscheidungen für Sie, aber wenn Laura lesen kann, werde ich ihr das Buch schenken und dann kann sie lesen was ihr Vater so alles verzapft hat.
Sie freut sich jetzt schon, wenn ich ihr sage, dass ich mal wieder die ganze Nacht an ihrem Buch geschrieben habe. Sie will es

jetzt schon unbedingt haben. Das spornt mich natürlich an, auch wenn Laura vielleicht noch nicht so 100 % genau versteht, was ich hier wirklich mache, aber das kommt schon noch.

Für meine liebe Laura!

Dein dich liebender Papa

Bei der Widmung habe ich, aufgrund einer leichten Verspätung des Drucktermins, eine kleine Ergänzung zu schreiben.
Wie ihr vielleicht schon aufgrund meines Schreibstils erahnt, bin ich ein positiv denkender Mensch. Als Optimist sucht man sich doch immer die positiven Dinge, um sich daran zu erfreuen.
Hierzu habe ich den besten aller Gründe. Am 23.03.2018 ist meine Tochter Lena geboren worden.

Ich bin so unendlich dankbar, eine tolle, gesunde Familie zu haben. Als Hahn im Korb fühle ich mich besonders gut. Diese Familie ist der beste und größte Antrieb in meinem Leben. Alles andere ist dagegen nur Nebensache. Aber schaut selbst.

Ich liebe meine drei Mädels und danke dem lieben Gott für dieses tolle Geschenk.

Euer

Bernd Grigat

# 3 Danksagung

An erster Stelle möchte ich natürlich meiner lieben Frau, meinem „Engelchen", danken. Sie hat mich in allen Phasen des Buches und der Unternehmensgründung zu 100 % unterstützt. Dabei hat sie viele Lasten des Alltags auf ihre Schultern gepackt und für mich getragen. Zusätzlich hat sie mir noch die Kraft und Motivation gegeben, mein erstes Buch fertigzustellen, und das neben der normalen Hauptarbeit und meiner Nebenarbeit als Vermögensberater. Ich glaube, NEIN ich bin mir sicher, dass ich das niemals ohne ihre Liebe und Unterstützung geschafft hätte. Sie hat auch mit ihrer Mutter Wilhelmine Gladbach zusammen das Erstlektorat übernommen und mir sehr dabei geholfen, das Buch überhaupt in einen vorzeigbaren Zustand zu bekommen und mein erstes, meist positives Feedback einzufahren.

Als zweites möchte ich Simone Gras danken, sie hat nicht nur das Lektorat für mich übernommen, nein, sie war auch mein kritischster Leser und hat mir Stellen gezeigt, die ich besser noch erklären sollte, damit Jugendliche das auch wirklich verstehen. Sie ist hier eine echte Expertin. Simone Gras ist angehende Lehrerin für den Grundschulbereich und damit weiß sie genau, was Jugendliche verstehen können oder auch nicht.

Direkt anschließend möchte ich Herrn Johannes Egbring danken. Er ist als Filialdirektor der Deutschen Bank in Remscheid derjenige, der mit seinem Team die inhaltliche Prüfung durchgeführt hat. Es ist gar nicht so einfach, einige doch sehr komplizierte Themen so zu vereinfachen, dass das Thema auf der einen

Seite gut verständlich ist, aber auf der anderen Seite auch den Anspruch erfüllt, inhaltlich korrekt zu sein.

So, an dieser Stelle kommt jetzt eine der wichtigsten Personen für das Buch. Ich bedanke mich ganz herzlich bei Madita Recktenwald. Ich konnte sie für die Illustrationen des Buches gewinnen. Sie hat quasi allen Charakteren den Atem eingehaucht und somit hat das Buch eine Seele bekommen. Ihre wunderschönen Illustrationen sind der Wahnsinn. Das Tolle daran ist, dass Madita fast immer auf Anhieb meine Vorstellung getroffen hat und ich mit meiner bildlichen Ausdrucksweise auf einer Wellenlänge mit ihr war. Das war eine wunderbare Zusammenarbeit.

Final möchte ich mich bei Michael Roos bedanken. Wir haben viele Jahre im Marketing auf geschäftlicher Ebene zusammengearbeitet. Michael ist aber über die Jahre zu einem sehr guten Freund geworden. Nachdem ich ihn besucht und dabei berichtete hatte, dass ich gerade dabei bin, ein Buch zu schreiben, war er sofort Feuer und Flamme. Er hat für mich den Kontakt zu Druckereien und Layoutern geknüpft und mit mir eine tolle Vermarktungsstrategie entwickelt.
Wir arbeiten sehr eng zusammen und das Tolle ist, dass wir dadurch eine echte Win-win-Situation geschaffen und unsere Freundschaft gefestigt haben. An dieser Stelle auch ganz lieben Dank an seine Frau Michaela Roos. Die beiden sind Herz und Seele der Gudd-Zweck-Idee und helfen dabei, die Welt ein Stückchen besser zu machen, davor habe ich eine riesen Hochachtung.

Jetzt, wo mein Buch fast schon fertiggestellt ist, muss ich unbedingt noch zwei weitere tolle Menschen in diesem Kapitel erwähnen. Zum einen Susanne Carl. Sie ist die Gestalterin des Buches und hat meine Texte, die Zeichnungen und die tollen Illustrationen so zusammengestellt, dass ein wunderbares Werk daraus geworden ist. Diese Arbeit ist unbezahlbar und gelingt auch nur so gut, wenn man mit Herz und Seele dabei ist. Und davon hat Susanne jede Menge.

Des Weiteren möchte ich noch unbedingt Andreas Gladbach danken. Er arbeitet für die Commerzbank und hat das Buch diverse Male für mich durchgearbeitet. Hierbei hat er mir Tipps und Ergänzungen an die Hand gegeben. Damit ist sowohl aus fachlicher Sicht als auch aus kindgerechter Sicht eine runde Sache aus dem Buch geworden. Dabei hat ihm auch sein Sohn Phat geholfen. Er spiegelt genau die Untergrenze der Zielgruppe wider, für die das Buch gedacht ist.

Ich bin euch allen unendlich dankbar!

# 4 Familie Sparfuchs

Die Familie Sparfuchs lebt in einer Kleinstadt, ist dort glücklich und zufrieden. Es gibt den kleinen Max, er ist 11 Jahre alt und geht in die 5. Klasse. Natürlich gibt es Mama Fuchs und Papa Fuchs, beide arbeiten, um der Familie ein gutes, behütetes Leben zu ermöglichen. Mama Fuchs arbeitet in einem Büro als Buchhalterin und Papa Fuchs ist Vermögensberater. Dann gibt es noch Oma Fuchs und Opa Fuchs. Die beiden sind Max` Lieblinge, da Max sie oft nach der Schule besucht, bis Mama und Papa von der Arbeit zurück sind. Oma und Opa sind schon einige Jahre in Rente und haben so die nötige Zeit, um sich um Max liebevoll zu kümmern. So wie es sich gehört, verwöhnen sie Max gehörig, manchmal auch zum Verdruss der Mutter, aber als Großeltern hat man halt Sonderrechte. Oft sind die Großeltern auch die besten Ratgeber, wenn Max in der Schule mal wieder etwas Neues gelernt hat,

*Der kleine Max*

es aber noch viele unbeantwortete Fragen gibt.
Alles in allem könnte man sagen, dass Familie Sparfuchs eine ganz normale Familie ist!

## 4.1 Max der Sparfuchs

Die Abenteuer von Max bilden den Leitfaden für dieses Buch. Wer auch sonst in dieser Familie hätte das Zeug dazu, so etwas Fantastisches zu erfinden wie ein Sparschweinbaum, aber dazu später mehr.
Max ist schon immer ein cleverer, smarter Junge gewesen, schulisch läuft es bei ihm gut, besonders wenn ihm das Fach auch inhaltlich zusagt. Abgesehen davon ist er auch ziemlich erfolgreich darin, sich bei allem, was ihm nicht so liegt, durchzumogeln.
Sportlich dreht sich bei ihm alles ums Fußballspielen. Außerdem verbringt er viel Zeit mit seinem Computer und als stolzer Besitzer eines Smartphones (natürlich nur aus Sicherheitsgründen,

um die Eltern zu beruhigen) kennt er sich mit diesen Geräten gut aus. Auf jeden Fall hat er seinem Vater schon öfter aus der Patsche geholfen, wenn dieser es wieder mal geschafft hat, dass nichts mehr funktioniert. Er hat auch schon darüber nachgedacht, eine Gebühr vom Vater zu verlangen, wenn dieser öfter als drei Mal die Woche um Hilfe bittet. So dachte er sich, könnte er ja sein Taschengeld aufbessern.

Im Moment ist er recht aufgeregt, denn er hat bald Geburtstag. Sein Wunschzettel ist dieses Jahr so lang, dass so einiges auf der Strecke bleiben wird, aber die Vorfreude ist wie immer die größte Freude. Alle Versuche, irgendwelche Hinweise im Vorfeld zu ergattern, scheiterten wie immer kläglich.

*Der kleine Max*

# 5 Noch zwei Tage bis zum Geburtstag

Es ist Dienstagfrüh und Max sitzt genau seit einer Stunde im Klassenzimmer seiner Schule. Die Lehrerin der zweiten Schulstunde kommt herein.
„Guten Morgen Kinder", sagte sie mit einer für eine Lehrerin fast schon heiteren Stimme.
„Guten Morgen", antworten fast alle Kinder im Gleichton.
Jemand aus der Großstadt könnte jetzt denken, was ist denn hier falsch. Bei uns kann der Lehrer froh sein, wenn er zur Begrüßung nicht ein vollgesabbertes Papierkügelchen ins Gesicht bekommt. Wie oben beschrieben sind wir ja in einer Kleinstadt und hier geht vieles noch deutlich gesitteter zu.
„In unserer heutigen Stunde geht es um das Thema Geld. Was wisst ihr denn schon über Geld?", fragte die Lehrerin.
Das lässt sich Max nicht zweimal fragen und seine Hand schnellt nach oben, als würde es um ein Duell um Leben und Tod gehen. Der Schuss saß und er bekam das Wort.
„Geld wird auch Taschengeld genannt und damit kann man sich Süßigkeiten und Hefte am Kiosk kaufen", sagte Max voller Inbrunst und mit siegessicherer Miene.
„Gut Max, das ist schon mal richtig, aber ist das schon alles?", fragte die Lehrerin.
„Mhh", sagte Max und dann folgte ein leicht nervöses Schweigen. Auch seine Mitschüler waren gerade ein wenig eingeschüchtert und keiner bekam mehr ein Wort heraus.
„Schön", sagte die Lehrerin, „dann fangen wir mal an …"

*Die Lehrerin*

BARGELD
KARTEN
DIGITAL
Geld

Der Goldfisch
Rückenflosse
Schwanzflosse
Kiemen
Mund
Augen
Brustflos
Gustav & Lily

## 5.1 Geld

„Vorab möchte ich euch sagen, dass ich das Thema Geld, wie auch die folgenden Themen, nur oberflächlich behandle, so dass jeder von euch die wichtigsten Punkte verstehen kann. Ich habe nichts davon, wenn ich alle Fachwörter der Wirtschaftswissenschaften verwende und ihr nach fünf Minuten anfangt, in euren Nasen zu bohren oder euch unter dem Tisch WhatsApp-Nachrichten schreibt. Vielmehr soll euch das Thema Geld Spaß machen und euch dazu anregen, den richtigen Umgang damit zu erlernen.
Meine Geschichte über die Entstehung von Geld und seine Entwicklung startet vor vielen tausend Jahren. Damals gab es noch kein Geld und man musste Waren gegen Waren tauschen. Solange es im eigenen Dorf alles gab, was man begehrte, war das Ganze noch relativ einfach zu lösen.
Wenn ich zum Beispiel viele Beeren gesammelt hatte, und zwar mehr als ich selber essen konnte bzw. wollte, dann konnte ich mir jemanden suchen, der beispielsweise einen Überschuss an Fischen gefangen hatte und diese gegen meine Beeren tauschen wollte. Jetzt musste nur noch, und das war schon schwer genug, die entsprechende Wechselmenge ausgehandelt werden, also wie viel Fisch ich für meine Menge an Beeren bekomme. Das Ergebnis hing von diversen Begebenheiten ab. Zum Beispiel von der Zeit und dem Aufwand für den Fischer, um die Fische zu fangen, aber natürlich auch davon, ob er wirklich Beeren braucht oder eigentlich lieber etwas ganz anderes gegen seine Fische eintauschen würde.
Gerade bei dem Beispiel mit Fischen und Beeren erkennt man das große Problem der Frische bzw. Verderblichkeit. Der Fischer

kann nicht ewig nach seinem Lieblingstauschobjekt Ausschau halten, sonst würden die Fische verderben.
Noch schwieriger wurde es, sobald man etwas aus den umliegenden Dörfern gegen seine Ware eintauschen wollte, dann kam noch die beschwerliche Reise hinzu und damals gab es weder einen LKW noch eine Kutsche etc. Ihr seht schon, das mit dem Tauschen von Ware gegen Ware war gar nicht so einfach.
Aber die Menschen haben sich ständig weiterentwickelt und waren nicht dumm. Noch bevor es Geld in der heutigen Form gab, wurde das sogenannte Natural-, Waren- oder auch Nutzgeld erfunden. Hierbei handelte es sich um bestimmte Steine, Muscheln, Tiere, Salz und vieles mehr. Wichtig war nur, dass diese frühe Form des Geldes in der Region allgemein akzeptiert wurde. Jetzt konnte ich mir aussuchen, ob ich meine Beeren gegen Fisch tausche oder gegen z. B. drei Muscheln. Diese Muscheln konnte ich dann später verwenden, um mir entweder wieder Fisch dafür zu holen, oder vielleicht doch das Fleisch meiner Wahl. Vor allem konnte ich den Folgekauf zeitlich versetzt durchführen, da der Fischer meine Beeren ja schon aufgebraucht hatte, und die Muscheln nicht verderben.
Diese Form des Geldes förderte dann auch die ersten Geldfälscher hervor, die ab ca. 2.000 v. Chr. in China aus z. B. Knochen oder Steinen Muscheln nachbildeten, die zu dieser Epoche das gültige Zahlungsmittel waren.
Schließlich entwickelte sich als nächstes, teils parallel zum Naturalgeld, das Münzgeld (ca. 1.000 v. Chr.) und letztlich im 11. Jahrhundert n. Chr. das Papiergeld.

Bis zur heutigen Form entwickelte sich das Geld ständig weiter. Mittlerweile gibt es neben den Münzen und dem Papiergeld auch das sogenannte immaterielle Geld, auch Giralgeld oder Buchgeld genannt. Wir kennen es alle, wenn wir zum Beispiel eine Überweisung tätigen, da wird Geld von einem Konto auf ein anderes übertragen, ohne dass wir tatsächlich physisches Geld in die Hand nehmen. Indem wir es zum Beispiel bei der Bank auf unser Konto einzahlen, wandeln wir es in immaterielles Geld um und die Bank des Geldempfängers kann diesen Tausch auch wieder in physisches Geld vornehmen, wenn das Geld dort abgehoben wird.
Die Entwicklung des Geldes geht ständig weiter. Momentan ist die digitale Währung, wie Bitcoin, in aller Munde. Die sogenannte Kryptowährung ist dabei, allgemein akzeptiert zu werden und wird ihren Weg gehen. Die Zukunft wird noch weitere Neuentwicklungen hervorbringen, die das Leben weiter revolutionieren.
Nun aber wieder zurück zum Heute. Wie unsere heutigen Banknoten und Münzen aussehen, wisst ihr doch alle. Falls nicht, könnt ihr euch die aktuellen Euro-Banknoten und -münzen auf der folgenden Internetseite der europäischen Zentralbank EZB gerne anschauen: www.neue-euro-banknoten.eu.
Geld hat vor allem drei verschiedene Funktionen, die größtenteils auch in meiner kleinen Geschichte behandelt wurden.

## 1. Tauschmittelfunktion

Es ist viel einfacher mit Geld zu bezahlen anstatt mit Naturalien. Wenn ich zum Beispiel wie oben beschrieben mit einem großen Fisch 10 Eier kaufen will, dann müsste ich den Fisch teilen, da er eigentlich so viel wert ist wie 30 Eier. Ein Fisch ist also schwer teilbar, auch ist der Fisch verhältnismäßig schlecht zu transportieren und natürlich hat der Fisch für viele Menschen einen unterschiedlichen Wert.

## 2. Rechenmittelfunktion

Durch Geld ist es einfacher, Geschäfte vergleichbar zu machen, für ein Kilo Fisch bezahle ich zum Beispiel 10 Euro, für eine Schale Erdbeeren 4 Euro, für einen Pfund Spargel 7 Euro und für ein Bier 1,50 Euro. Wir haben für die 4 Güter 4 Preise. Wenn ich aber nun mit Naturalien tausche, dann habe ich bei zwei Waren einen Preis, bei drei Waren 3 Preise, und bei 4 Waren schon 6 Preise, um alle Austauschrelationen abzubilden. Für alle, die das jetzt nicht direkt überblicken können, habe ich ein kleines Schaubild vorbereitet.
Schaut euch das mal ganz genau an.

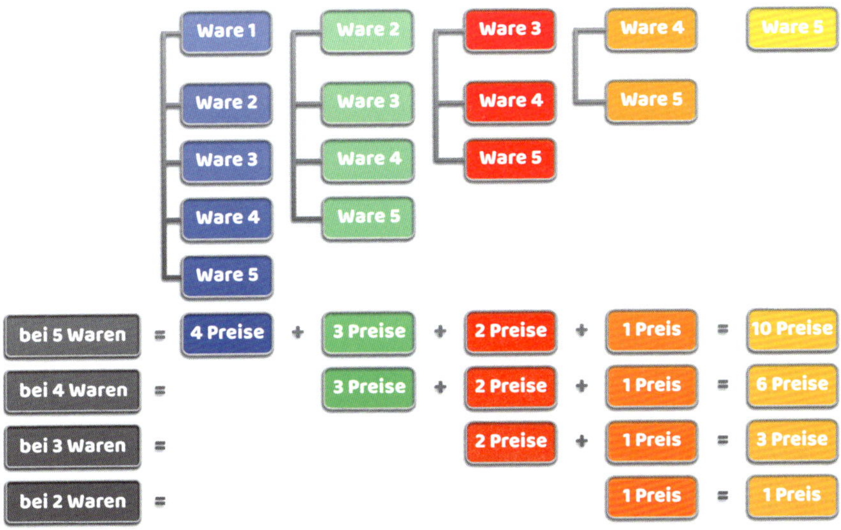

Wenn man sich jetzt überlegt, wie viele abertausende Waren es gibt, dann kann man das realistisch nur mit Geld abwickeln.

### 3. Wertaufbewahrungsfunktion

Oft möchten Menschen nicht Zug um Zug tauschen, da man zum Beispiel noch Fleisch für das Abendessen hat und der Fisch, den man für seine Beeren bekommen würde, am nächsten Tag schon verdorben wäre. Durch die Einführung von Geld, kann ich den Wert meiner Beeren in die Zukunft transportieren und mir zum Beispiel den Fisch erst eine Woche später kaufen. Normalerweise würde der Wert meiner Beeren aber mit der Zeit immer weniger werden, da sie langsam trocknen und faul werden. Nicht so ist es mit Geld", sagte die Lehrerin.

## 5.2 Taschengeld

„Nun hatte Max vorhin gesagt, dass es sich bei Geld um Taschengeld handelt, das ist aber nicht wirklich richtig. Taschengeld ist vielmehr das Geld, welches die Eltern ihren Kindern (meist wöchentlich) zur Verfügung stellen, damit diese sich selbstständig Kleinigkeiten wie Süßigkeiten, Hefte etc. kaufen können. Das dient vor allem dem Ziel, dass Kinder frühzeitig den Umgang mit Geld lernen.
Welche Waren sich ein Kind ohne Zustimmung der Eltern kaufen darf, ist im sogenannten Taschengeldparagraph § 110 des Bürgerlichen Gesetzbuches BGB geregelt. Im Zweifel fragt eure Eltern und nehmt sie mit, wenn ihr euch etwas Größeres anschaffen wollt.
Es gibt keinen gesetzlichen Anspruch darauf, dass ihr Taschengeld von euren Eltern bekommt. Ob und in welcher Höhe ihr es bekommt, hängt von der finanziellen Situation eurer Eltern

ab. Hier gibt es aber vom zuständigen Bundesministerium oder auch Jugendamt eine Empfehlung mit Richtwerten. Hier wird die Höhe in der Regel nach dem Alter gestaffelt. Ihr findet diese im Internet.
Vor allem am Anfang wird empfohlen, dass das Taschengeld wöchentlich ausgezahlt wird und erst später auf einen monatlichen Betrag umgestellt wird.
Wichtig ist aber, dass es sich hierbei nur um Anhaltspunkte handelt. Sprecht am besten mit euren Eltern darüber.
So liebe Schüler, da ihr erstaunlicherweise während meiner Ausführungen gespannt zugehört habt, gehe ich davon aus, dass euch das Thema interessiert. Bevor ich die Stunde beende, möchte ich euch noch eine kleine Hausaufgabe für morgen aufgeben. Ihr habt jetzt viel über Geld, seine Ausprägungen und die geschichtliche Entstehung etc. gehört, aber wir haben noch nicht darüber gesprochen, wofür wir in unserer heutigen Zeit Geld brauchen. Bitte listet alle Punkte auf, für die ihr als Kinder Geld ausgebt und wie, bzw. wofür ihr Geld bekommt, also eure Einnahmeseite.
Ich wünsche euch noch einen schönen Tag“, sagte die Lehrerin.
Wie immer ging ein kleines Raunen durch die Reihen der Schüler, sobald das Wort Hausaufgabe viel. Aber alles in allem hielt sich der Protest im Rahmen, da jeder etwas mit dem Thema anfangen konnte und zur Not gab es wie immer die Eltern als Joker.
In der großen Pause war Max wie so oft draußen auf dem Schulhof und kickte ein wenig mit seinen Kumpels. Aus dem Augenwinkel fiel deren merkwürdiges Verhalten auf. Er sah wie Paul und Erik sich Lisa näherten.
Paul war ein echter Draufgänger. Er fühlte sich, als wäre er etwas

Besseres und ließ das auch jeden anderen wissen. Sein Vorteil war, dass er der Größte und Kräftigste der Klasse war, auch wenn er etwas zu viel auf den Rippen hatte.
Erik war eigentlich das krasse Gegenteil von Paul, aber dadurch, dass er alles tat, was Paul wollte, genoss er seinen Schutz und wich nie von seiner Seite.
Lisa war ein nettes, schüchternes Mädchen aus der Klasse.
Max mochte sie gut leiden und als er sah, wie Paul mit Lisa sprach, um sie abzulenken, während Erik einen Schokoriegel aus Lisas Brotbeutel stahl, wollte er eigentlich sofort einschreiten. In letzter Sekunde und bevor sein Verhalten auffiel, schrillten seine Alarmglocken auf.
Da er ein pfiffiges Kerlchen war, wusste er, wenn er jetzt petzen würde, er zum einen Ärger mit Paul bekommen würde und andererseits keine Beweise hätte. Paul aß den Schokoriegel sofort auf, nachdem er ihn von Erik ausgehändigt bekommen hatte. Die arme Lisa hatte den Diebstahl bis jetzt noch nicht einmal bemerkt. So ein Mist, dachte er.
Als die Pause zu Ende war, hörte er wie Lisa in einer stillen Ecke saß und weinte. Sofort ging er hin zu

*Lisa*

ihr und fragte, ob er ihr helfen könnte. Sie schüttete ihr Herz bei ihm aus, da sie so traurig über den gestohlenen Schokoriegel war. Sie hatte ihn von ihrem letzten Taschengeld gekauft und sich riesig darauf gefreut und die Woche bis zum nächsten Taschengeld ist doch noch so lang. Max tröstete Lisa und sagte, dass er eine Idee hätte und nach der Schule nochmal zu ihr kommen würde. Max hatte noch etwas Taschengeld übrig und er wusste, wenn sein Geburtstag kommt, dann gibt es sowieso eine Zeit des Überflusses. Also zögerte er nicht lange und kaufte für Lisa einen neuen Schokoriegel. Wie versprochen ging er sofort, nachdem die Schulglocke zum letzten Mal an diesem Tag geklingelt hatte, zu Lisa. Ihr schien es schon wieder deutlich besser zu gehen und sie hatte sogar ein kleines, aber nicht zu übersehendes Lächeln für Max übrig. Max konnte natürlich nicht sofort mit seiner Überraschung rausrücken, da er wollte, dass weder Paul noch Erik etwas von dieser Aktion mitbekommen sollten. Also wartete er, bis Lisa und er alleine waren. Lisa war schon ganz aufgeregt und wollte endlich wissen, was Max ausgebrütet hatte. Max erzählte ihr als erstes genau, was er bei dem

Schokoriegel-Klau gesehen hatte und natürlich auch, warum er nicht sofort eingegriffen hatte. Da sagte Lisa, dass sie Paul auch schon verdächtigt hatte, weil er sonst nie ein Wort mit ihr gewechselt hat. Aber er hat das so geschickt gemacht, dass sie erst am Ende der Pause durch Zufall gemerkt hatte, dass der Riegel weg war.
Jetzt erzählte Max Lisa von seinem Plan, wie er Paul und Erik dingfest machen wollte. Der Plan funktionierte aber nur, wenn Lisa auch mitspielen würde. Ohne lange nachzudenken, willigte Lisa ein und sie verabredeten sich für den nächsten Morgen vor der Schule. Als Max dann noch den gekauften Schokoriegel an Lisa übergab, strahlte sie über beide Ohren.
Zufrieden ging Max an jenem Nachmittag zu seinen Großeltern, wie er es fast immer tat. Er hatte Glück, denn an diesem Tag hatte seine liebe Oma einen frischen Kuchen gebacken und der war besser als jeder gekaufte Schokoriegel. Nach der Stärkung kam ihm aber wieder die Unterrichtsstunde über das Thema Geld in den Kopf und die zu erledigende Hausaufgabe.
„Du Opi, ich habe da mal eine Frage?“, fragte Max seinen Opa.
„Wie kann ich dir helfen?“, erwiderte er.
„Wir haben heute in der Schule über Geld gesprochen und wir sollen eine Liste aufstellen mit allen Einnahmen und Ausgaben, die wir als Kinder so haben“, berichtete Max.
„Du meinst also einen Haushaltsplan, oder?“, fragte der Opa.
„So hat das die Lehrerin nicht ausgedrückt, keine Ahnung“, erwiderte Max
„Naja, wenn man alle seine Einnahmen und Ausgaben aufschreibt und die Zahlen addiert, dann bekommt man einen Haushaltsplan, daran siehst du, ob du am Ende des Monats

Frische Vollmilch
Frische Vollmilch

oder bei dir besser am Ende der Woche noch etwas Geld über hast oder du einen Vorschuss auf dein Taschengeld brauchst. Aber ich erkläre dir das gerne nochmal genau, Schritt für Schritt“, sagte der Opa.

## 5.3 Einnahmen Max

„So Max, hol dir bitte ein Blatt Papier und einen Stift und komm zu mir an den Couchtisch“, ordnete der Opa an.
Max flitzte los, um alles zu holen. Nach kurzer Zeit saß er neben seinem Opa auf dem Sofa und war ganz gespannt, was der Opa zu sagen hatte.
„Bevor wir so richtig loslegen, mal bitte eine Tabelle auf mit zwei Spalten. Auf der linken Seite schreibst du bitte als Überschrift Einnahmen und auf der rechten Seite Ausgaben. Jetzt überlege mal, wofür du alles Geld bekommst?“, fragte der Opa.
„Naja, das geht schnell, ich bekomme 3,– Euro Taschengeld die Woche und ab und zu etwas zum Geburtstag oder Weihnachten, das sind so um die 60,– Euro im Jahr“, antwortete Max.
„Gut, jetzt müssen wir noch ein wenig rechnen, da wir bei einem Haushaltsplan immer mit monatlichen Werten rechnen. Kannst du das schon, oder soll ich dir dabei helfen?“, fragte der Opa.
„Wollen wir mal sehen, das sind 3,– Euro Taschengeld, wenn ich jetzt davon ausgehe, dass ein Monat im Schnitt 4,5 Wochen hat, (also 4,5 mal 3), dann komme ich auf 13,50 Euro pro Monat. Bei 60,– Euro im Jahr muss ich durch 12 teilen, das müssten 5,– Euro im Monat sein, oder?“, wollte Max wissen.
„Das hast du super gemacht. Nun schreibe das in deine Tabelle so auf“, sagte der Opa.

## 5.4 Ausgaben Max

„Jetzt haben wir die erste Seite schon fertig. Nun überlege dir bitte, wofür du Geld ausgibst“, sagte der Opa.
„Das ist schon etwas schwieriger, schauen wir mal. Ich kaufe mir jeden Monat zwei Zeitschriften, die kosten zusammen 5,20 Euro, na ja und dann kaufe ich mir Süßigkeiten und wenn ich dann Geburtstag habe und ich Geld bekomme, dann kaufe ich mir etwas zum Fußballspielen, zum Beispiel ein Trikot oder einen Ball und so weiter. Wie soll ich das denn in monatlichen Zahlen ausdrücken?“, fragte Max.
„Ganz einfach, sparst du denn von all dem Geld, was du im Laufe des Jahres bekommst einen Teil?“, fragte der Opa.
„Nein, ich gebe eigentlich alles aus, manchmal lege ich etwas zurück, um mir dann bei nächster Gelegenheit etwas Größeres zu kaufen, aber am Ende ist das Geld ausgegeben“, erwiderte Max.
„Gut, dann fangen wir mit den Süßigkeiten an, was kaufst du dir im Schnitt an Süßigkeiten die Woche?“, fragte der Opa.
„Na ja, so um den 1,– Euro, mal ein wenig mehr und mal weniger“, sagte Max
„O.K., fassen wir zusammen. Wenn du ca. 1,– Euro die Woche für Süßigkeiten ausgibst, dann sind das 4,50 Euro im Monat. Mit den Zeitschriften kommen wir auf 9,70 Euro, bleiben also noch 3,80 Euro im Monat über. Die gibst du zusammen mit den 60,– Euro für Sportbekleidung aus, das waren ja 5,– Euro im Monat. Daher kommst du im Schnitt auf 8,80 Euro für Sportbekleidung monatlich. Konntest du das nachvollziehen?“, fragte der Opa.
„Ja, das klingt logisch, und so wie du mir das erklärt hast, ist das ja ein Kinderspiel, lieben Dank Opi“, sagte Max glücklich.

„Jetzt musst du die drei Zeilen deiner Ausgaben nur noch in Deine Tabelle eintragen“, sagte der Opa mit erhobener Brust und sichtlich stolz.

## 5.5 Haushaltsplan Max

„Tja Max, jetzt sind wir quasi fertig, bitte addiere beide Spalten und schreibe darunter jeweils die Summe auf“, sagte der Opa.

| Einnahmen (monatlich) | |
|---|---|
| Taschengeld | 13,50 |
| Geldgeschenke | 5,00 |
| | |
| **Summe Einnahmen** | **18,50** |

| Ausgaben (monatlich) | |
|---|---|
| Zeitschriften | 5,20 |
| Süßigkeiten | 4,50 |
| Sportbekleidung | 8,80 |
| **Summe Ausgaben** | **18,50** |

„Und wie du siehst, ist die Summe auf beiden Seiten gleich, du hast also weder einen Überschuss, um Geld zu sparen oder für etwas anderes auszugeben, noch hast du zu viel ausgegeben. Das hat den Vorteil, dass du weder uns noch deine Eltern um Geld anpumpen musst. Wenn du willst, kannst du dir noch überlegen, wofür man als Kind noch so alles Geld ausgeben kann, und schreibe dann diese Punkte unter die Tabelle, dann bist du für den Unterricht bestens vorbereitet“, sagte der Opa.
„Danke Opi, das hast du mir gut erklärt, ich werde die Liste noch mal in Reinschrift und farblich gegliedert fertigstellen“, erwiderte Max.

Mit diesen Worten zog sich Max auf die Eckbank in der Küche zurück (sein Lieblingsplatz) und machte seine Hausaufgaben. Er nahm sich viel Zeit, obwohl die Liste ja kurz war, doch er versuchte sich vorzustellen, wo das Geld sonst so herkommt, er bekam es ja schließlich nur von seinen Eltern, aber die mussten es ja auch irgendwoher bekommen. Dann überlegte er sich auch noch, wofür man es noch ausgeben konnte und notierte einige Punkte unter der Tabelle. Es waren Punkte wie Handyvertrag, Spiele, aber hierzu später mehr.
Max ging wieder zu seinem Opa, um ihm noch einige Fragen zu stellen.
„Opi, sag mal, woher bekommst du denn dein Geld?“, fragte Max als erstes.
„Omi und ich bekommen eine Rente“, antwortete der Opa.
„Was ist eine Rente?“, kam sofort als Gegenfrage.
„Nun die Antwort könnte länger ausfallen, aber ich versuche es so kurz und verständlich wie möglich zu formulieren“, entgegnete der Opa.

## 5.6 Rente

„Bei der Rente handelt es sich im Grunde um ein Einkommen, welches wir bekommen, ohne eine bestimmte Gegenleistung jetzt im Alter dafür zu erbringen. Die Finanzierung der Rente wurde, ich meine es war 1957, durch den sogenannten Generationen-Vertrag geregelt. Wobei der Begriff schon etwas verwirrend ist, da es sich hierbei nicht wirklich um einen Vertrag handelt. Ein Vertrag ist formaljuristisch nie zustande gekommen. Aber Konrad Adenauer, der damalige Bundeskanzler Deutschlands,

nutzte diesen Begriff, um die Menschen der damaligen Zeit in Sicherheit zu wiegen.
Dieser sogenannte Vertrag besagt, dass unsere Rente durch die jetzige arbeitende Generation bezahlt wird und wenn diese dann mal in Rente geht, die neue arbeitende Generation ihre Rente bezahlt. So dachte jeder, dass im Alter für das nötige Auskommen gesorgt wäre.
Wir bekommen unsere Rente, da wir viele Jahre hart gearbeitet und somit unseren Anspruch auf unsere Rente erarbeitet haben. In all den Jahren, in denen wir gearbeitet haben, haben wir Abgaben für die Sozialversicherung auf unsere Gehälter an den Staat abgeführt. Das sind ca. 40 % unseres Bruttogehalts, welche zur Hälfte vom Arbeitgeber und zur Hälfte von uns gezahlt wurden. Beim Bruttogehalt handelt es sich um unser Arbeitsentgelt vor den Abzügen von Steuern und Sozialversicherungsbeiträgen. In der Sozialversicherung steckt der Beitrag für die Krankenversicherung, die Rentenversicherung, die Pflegeversicherung und die Arbeitslosenversicherung. Die Höhe der Rente hängt somit direkt von unseren Bruttogehältern ab, und da ich und später auch deine Omi viel in unserem Leben ge-

*Opa Fuchs*

arbeitet und verdient haben, bekommen wir eine Rente, die nah an den Versprechungen von damals heranreicht", sagte der Opa.
„Kommt ihr denn gut mit eurer Rente aus?", wollte Max noch wissen.
„Ja mein Kind, uns geht es gut und wir sind zufrieden", sagte der Opa mit seinem typisch liebevollen Unterton.
„Mhh, an deiner Erklärung habe ich aber doch so einiges an Skepsis entdeckt. Wird die Rente für mich später auch ausreichen?", interessierte sich Max als Nächstes.
„Naja, das sieht eher schlecht aus. Du musst später auf jeden Fall privat vorsorgen, ich erkläre am besten gleich mal warum, das ist eigentlich recht einleuchtend.
Das größte Problem in Deutschland ist die Bevölkerungsentwicklung, der Fachbegriff hierfür heißt demografische Entwicklung. Für das Thema Rente ist vor allem die Veränderung der Altersstruktur am wichtigsten. Lass uns am Computer einige Beispiele anschauen, damit du davon eine bessere Vorstellung bekommst", sagte der Opa und die beiden gingen an den Computer.
„Am besten wir schauen mal, wie die Verteilung der Altersstruktur bei der Einführung des Generationenvertrages, also 1957, war. Hier kannst du erkennen, dass die untere Basis noch relativ breit war, so dass die nächsten Jahre keine Gefahr drohte und man so diesen Vertrag durchsetzen konnte. Als weiteres Beispiel nehmen wir das heutige Jahr 2017. Da das Jahr noch nicht zu Ende ist, handelt es sich hier um die erste Prognose. Dann schauen wir noch mal ins Jahr 2030 und als Letztes nehmen wir das späteste Jahr, für das es eine Prognose beim Statistischen Bundesamt gibt, das ist das Jahr 2060. Das wird zwar noch viele Jahre früher sein, als du mal in Rente gehen wirst, aber zur Anschauung

reicht es völlig. Wenn man diese vier Beispiele betrachtet, fällt einem sofort auf, dass die breite Basis die einst unten war, immer weiter nach oben wandert und unten sich eine Art umgedrehter Flaschenhals bildet.

Das bedeutet, dass zum einen die Bevölkerung im Durchschnitt immer älter wird. Auf der einen Seite ist das natürlich toll, auf der anderen Seite führt das dazu, dass die Rentner immer länger Rente beziehen und sie somit noch teurer wird. Zum anderen bedeutet es, dass immer weniger Menschen nachkommen, die die Rente der heutigen Rentner schließlich bezahlen müssen.

Jetzt verstehst du warum ich meine, dass die Rente allein für dich niemals reichen kann. Die Prognosen sind übrigens erstaunlich genau, da die Kinder ja heute schon alle geboren sind, die in 60 bis 70 Jahren in Rente gehen. Wenn es also keinen Krieg mit vielen Toten gibt oder die Zuwanderung extrem steigen wird, dann sind die Prognosen ernst zu nehmen“, sagte der Opa.

## Bevölkerungsaufteilung in Deutschland nach Alter

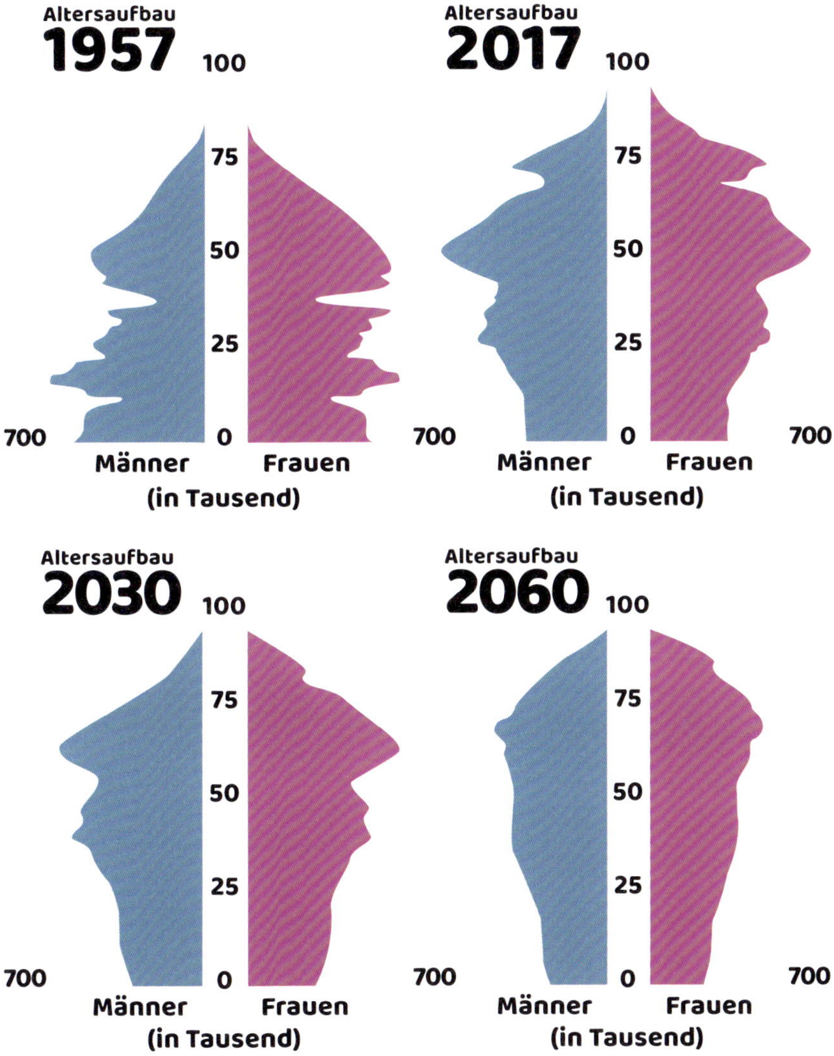


*Abbildung 1 / Quelle: Statistisches Bundesamt*

„Als damals die Versprechen getätigt wurden war es so, dass ca. vier erwerbstätige Personen für die Bezahlung eines Rentners arbeiten mussten. Heute kommen nur noch zwei erwerbstätige Personen auf einen Rentner und in nicht allzu ferner Zukunft dürfte das Ganze auf eine Person weiter fallen.

Es wird wahrscheinlich Folgendes passieren: Das Renteneintrittsalter wird in Zukunft weiter nach hinten gelegt. Momentan liegt es für alle Arbeitnehmer bei 67 Jahren, die ab 1964 geboren wurden. Des Weiteren wird das Rentenniveau weiter fallen. Das Rentenniveau wird seit 2005 als Nettorentenniveau angegeben und gibt einen Prozentsatz an, welcher ein Durchschnittsverdiener von seinem letzten Entgelt im Durchschnitt als Standardrente erhält, das heißt, wenn er 45 Jahre Beiträge in Höhe des Durchschnittsverdienstes gezahlt hat. Lass mich mal schauen, wie die Werte momentan sind“, sagte der Opa und ging kurz an seinen Computer auf die Internetseite der Deutschen Rentenversicherung und kam kurze Zeit später zu Max zurück.

*Opa Fuchs*

„Momentan liegt das aktuelle Rentenniveau bei knapp 48 % und die Prognosen deuten auf ca. 43 % im Jahre 2030. Daran siehst du, dass du im Verhältnis immer weniger Rente bekommen wirst, und diese Werte sind noch nicht einmal um die Inflation bereinigt.

Das Wort Inflation besagt, dass im Allgemeinen die Preise für die verschiedenen Produkte stetig steigen werden. Das hast du ja selbst schon erlebt, als letztes Jahr die Gummibärchen teurer geworden sind. Ich erinnere mich noch genau, wie du damals geflucht hast. Entsprechend der Teuerungsrate nimmt also die Kaufkraft deines Geldes mit der Zeit ab. Jetzt muss man hier aber noch bedenken, dass es sich nicht um eine Inflation handelt, wenn nur ein Produkt, wie die Gummibärchen, im Preis steigen. Sondern es wird ein ganzer Warenkorb betrachtet und erst, wenn das Preisniveau aller Preise des Warenkorbes steigen, spricht man von Inflation. Um jetzt auf die Rente zurückzukommen, ist es so, dass es nach heutiger Kaufkraft teilweise weniger als 600,–Euro staatliche Rente sind, mit denen ein Rentner in Zukunft auskommen muss. Du kannst dir bestimmt gut vorstellen, dass das nicht viel mehr als ein Taschengeld für Große ist", fuhr der Opa fort.
„Uiuiui, das klingt ja alles gar nicht so gut, ich glaube das muss ich erst mal verarbeiten. Ich brauche eine Pause und muss über das Thema noch mal nachdenken, ich danke dir Opa", sagte Max. Damit beendete Max das Thema für heute und ging zu seiner Oma, um noch eine letzte heiße Schokolade abzustauben. Danach fühlte er sich wieder besser und sein Kopf brummte nicht mehr so. Max spielte noch ein wenig Karten mit seiner Oma und dann war es auch Zeit, nach Hause zu gehen.
Er freute sich immer, wenn seine Eltern endlich zu Hause sind oder wenn es Wochenende ist. Aber

*Oma Fuchs*

*Mama Fuchs*

ein paar Stunden kann er zumindest mit seinen Eltern noch verbringen, da er seit diesem Jahr eine Stunde länger aufbleiben darf. Meistens fragt seine Mutter immer als Erstes, ob Max noch irgendwelche Hausaufgaben zu erledigen hat, wobei er die meistens schon bei seinen Großeltern erledigt hat, aber manchmal reicht das Wissen oder die Zeit nicht aus, um alles vorher zu erledigen.
„Ich habe heute alles so weit mit Opa fertig bekommen. Wir haben heute in der Schule über das Thema Geld gesprochen und Opa hat mir geholfen, meinen Haushaltsplan fertig zu stellen. Ich hätte da noch ein paar Fragen", sagte Max ohne Umschweife.
„Soso, du hast deinen Haushaltsplan erstellt und noch einige Fragen, das kann ja heiter werden. Dann schieß mal los!", gab seine Mutter zum Besten.
„Als Erstes würde ich gerne von dir erfahren, woher ihr euer Geld bekommt und welche Einkommensquellen es sonst noch gibt? Opi hat mich schon über das Thema Rente aufgeklärt", sagte Max und schaute seine Mutter mit großen, erwartungsvollen Augen an, um jeglichen Widerstand gar nicht erst aufkommen zu lassen.

## 5.7 Unterschiedliche Einkommensarten

„Also, fangen wir mal mit dem allgemeinen Teil an. Es gibt natürlich wie immer im Leben viele Wege, Geld zu verdienen. Auf welche Weise eine Person sich entscheidet, Geld zu verdienen,

hängt von vielen Charaktereigenschaften der Person ab. Ist sie zum Beispiel risikoscheu, braucht sie Freiheit, oder ist es besser, wenn ihr genau gesagt wird, was sie zu tun hat.
Des Weiteren kommt es natürlich auch auf den Ausbildungsgrad der Personen an, sowie auf die technischen Fähigkeiten, aber natürlich auch auf die sogenannten weichen Faktoren, wie Kommunikationsfähigkeiten, Diplomatie, Einfühlungsvermögen etc.
Prinzipiell kann man vier unterschiedliche Arten unterscheiden. Es gibt den Angestellten, den Selbstständigen, den Geschäftsinhaber und den Investor.
Als Angestellter arbeitet man für ein Unternehmen oder eine andere Person und hat in der Regel eine der folgenden beiden Einkommensarten. Entweder bekommt man für seine Arbeit ein festes Gehalt, sprich eine regelmäßige monatliche Bezahlung. Hierzu zählen zum Beispiel Buchhalter/-in, Kassierer/-in und viele mehr. Bei Personen, die im Verkauf tätig sind, kann es auch Mischformen geben. Das heißt, die Personen bekommen ein bestimmtes fixes Grundgehalt und einen Teil als erfolgsabhängige Provision.
Bei Personen, die zum Beispiel in einer Fabrik arbeiten, oder auch Auslieferungsfahrern bzw. Monteuren gibt es selten ein fixes Gehalt, sondern Sie werden nach den tatsächlich gearbeiteten Stunden bezahlt. Diese Einkommensart wird als Lohn bezeichnet.
Wenn eine Person nicht für jemand anderes arbeitet, sondern nur für sich selbst, dann handelt es sich um einen Selbstständigen. Hierzu zählen zum Beispiel Rechtsanwälte, Ärzte und Steuerberater. Sie sind oft der Meinung, dass sie die einzigen sind, die die Arbeit richtig erledigen, daher wollen sie alles selbst machen. Hierbei haben sie zwar viele Freiheiten, aber auch ein größeres Risiko. Denn wer erledigt die Arbeit, wenn sie mal krank sind und was

wird getan, wenn keine Aufträge da sind? Ich will hier nicht noch tiefer einsteigen, denn dieses Thema kann ein ganzes Buch füllen. Geschäftsinhaber sind natürlich auch selbstständig, aber als echte Unternehmer sind sie nicht unbedingt darauf fixiert, alle wichtigen Arbeiten selbst zu tun, sondern sie wollen das Unternehmen leiten. Dazu stellen sie sich für die verschiedensten Aufgaben Mitarbeiter und Spezialisten ein. Im Gegensatz zu den reinen Selbstständigen ist es bei Geschäftsinhabern nicht so schlimm, wenn sie mal das Unternehmen verlassen. Es kann sogar vorkommen, dass das Unternehmen nach der Rückkehr deutlich besser dasteht, als es vorher der Fall war.

Investoren tätigen, wie schon im Namen steckt, Investments in Kapitalanlagen wie Immobilien, Aktien und Fonds etc. Diese bringen Geld durch Dividenden, Verkauf nach einer Wertsteigerung, oder bei Immobilien durch die geleisteten Mietzahlungen der Mieter, um nur einige Beispiele zu nennen.

Jetzt muss man aber aufpassen, denn die Art des Berufes gibt nicht unbedingt schlüssig zu erkennen, auf welchen der vier genannten Wege sich jemand befindet. Um dir das so einfach wie möglich zu erklären, gebe ich dir besser ein Beispiel.

Wenn du hörst, dass jemand ein Rechtsanwalt ist, würdest du zuerst einmal denken, dass er selbstständig ist. Das ist aber nicht unbedingt richtig, denn prinzipiell kann ein Rechtsanwalt auf allen vier beschriebenen Wegen tätig sein. Er kann zum Beispiel in einer großen Kanzlei angestellt sein und als Angestellter arbeiten. Er kann wie oben beschrieben sein eigenes Rechtsanwaltsbüro haben und selbstständig tätig sein. Er kann aber auch eine eigene Kanzlei gründen und andere Rechtsanwälte einstellen, somit wäre er ein Geschäftsinhaber und er müsste nicht zwingend selbst

als Rechtsanwalt tätig werden und könnte zum Beispiel nur noch ausgesuchte Fälle übernehmen. Er könnte aber auch in Kapitalanlagen investieren und von den erwirtschafteten Geldern leben. Auch sind Mischungen aus den vier Wegen möglich.
Wie du siehst, gibt es fast nichts, was es nicht gibt. Es kommt also immer auf den Einzelfall an.
Jetzt hattest du nach unseren Einkommensquellen gefragt. Bei mir ist das sehr leicht einzuordnen. Ich arbeite als angestellte Buchhalterin und beziehe ein fixes Gehalt für meine Tätigkeit. Bei Papa ist das schon etwas schwieriger. Im Großen und Ganzen trifft selbstständig am ehesten zu. Denn dein Vater ist momentan noch zum größten Teil von seiner eigenen Leistung und den daraus generierten Provisionen abhängig. Allerdings ist er gerade auch dabei, eigene Mitarbeiter zu gewinnen, um sich sein eigenes Unternehmen aufzubauen, aber das wird noch eine Weile dauern. So, jetzt reicht es aber, mir brummt ja schon der Schädel und du kannst bestimmt auch eine Pause gebrauchen“, sagte die Mutter.
„Ach, das geht schon, ich danke dir ganz herzlich, aber meine eigentliche Frage kommt erst jetzt, habt ihr denn für später entsprechend privat vorgesorgt? Opa hat mir gezeigt, dass es mit der Rente knapp werden wird und dass man privat vorsorgen bzw. sparen müsste. Wie sieht das denn bei euch aus?“, fragte Max.
Seine Mutter konnte kaum glauben, was sie da alles für tiefgreifende Fragen bekam und sagte, dass sie jetzt erst einmal das Abendessen vorbereiten müsse und dann mit Papa zusammen das Thema mit Max besprechen würde. Max war so gespannt, dass er es kaum noch erwarten konnte, dass seine Mutter ihn zum Abendessen ruft. Als es endlich so weit war, übernahm sein Vater das Wort.

„Lieber Sohnemann, das Thema scheint dich ja wirklich sehr zu interessieren. Ich persönlich finde es zwar noch ein wenig zu früh für dich, aber da du so für dieses Thema brennst und es ja keine Altersbeschränkung für dieses Thema gibt, haben Mama und ich entschlossen, mit dir über das Thema zu sprechen. Wobei wir versuchen werden, nicht zu sehr ins Detail zu gehen, das würden wir zum einen heute Abend gar nicht alles besprechen können und es würde dich auch überfordern und davon hätten wir alle nichts. Heute fangen wir mit dem Thema Sparen an, der Rest folgt dann in den nächsten Tagen, ist das o.k. für dich?“
„Natürlich“, gab Max mit sichtlicher Erleichterung von sich.

## 5.8 Sparen

„Um dir das Thema näher zu bringen, möchte ich dir eine Geschichte aus einem Buch erzählen, welches ich vor einigen Jahren gelesen habe. Es heißt passenderweise *„Der reichste Mann von Babylon“* von Georg S. Clason. Die Geschichte dreht sich um Arkad, der als einfacher Sohn eines Kaufmannes geboren wurde. Es gab für ihn nicht viel zu erben und auch sonst war er nicht besser oder klüger als andere. Quasi ein ganz durchschnittlicher Kerl. Aber er hatte ein bestimmtes Ziel und das ist der Unterschied zu seinen Jugendfreunden. Er wollte unbedingt herausfinden, wie man sich Reichtümer anschaffen kann.
Schließlich fand er eine Anstellung als Schreiber und durch einen dringenden Auftrag für einen Geldverleiher wurde er von diesem anschließend unterrichtet. Der Geldverleiher sagte, dass er dadurch den Weg zum Reichtum gefunden hatte, als er vor langer Zeit beschlossen hatte, einen Teil seines Geldes zu sparen.

Man soll erst sich selbst bezahlen, bevor man anfängt, andere zu bezahlen. Er machte den Vorschlag, dass Arkad mindestens ein Zehntel seines Einkommens sparen sollte und den Rest dafür verwenden sollte, seinen Lebensunterhalt zu bezahlen. Um das zu schaffen, sollte er all seine Ausgaben auf den Prüfstand stellen. Arkad beschloss den Rat zu befolgen, und gleich am Anfang des Monats legte er von seinem Lohn ein Zehntel beiseite und sparte es. Und das Tolle an der Geschichte ist, dass Arkad erfahren hat, dass es überhaupt kein Problem war, mit neun Zehntel auszukommen, nachdem er sich erst einmal daran gewöhnt hatte. Im Verlaufe dieser Geschichte lehrte der Goldverleiher Arkad auch, wie man das gesparte Geld am besten anlegen sollte, damit es sich auch vermehrt und man so zu echtem Reichtum kommt. Wenn du das genau wissen willst, solltest du dieses Buch unbedingt lesen.

Das Schöne an der Geschichte ist, dass man mit dieser Taktik sofort anfangen kann, egal wie klein das Einkommen ist und fast noch wichtiger ist die Tatsache, dass es jeder schaffen kann. Niemand muss reich geboren werden, keiner muss der klügste in der Schule sein oder andere Vorteile besitzen.

Man muss lernen mit Geld umzugehen, es zu sparen und gewinnbringend anzulegen.

Max, dir würde ich sogar raten, noch etwas weiter zu gehen. Da du keine Familie ernähren musst und auch sonst nur wenige wichtige Ausgaben hast, solltest du 50 % deines Taschengeldes sparen und dir vom Rest nur die wichtigsten Dinge kaufen“, sagte der Vater.

„Mhh, das klingt zwar wichtig und interessant, aber eine Befürchtung habe ich, wenn ich das alles höre“, sagte Max.

„Welche?“, fragte sein Vater.

Taschengeld Max

„Naja, muss man denn auf alles verzichten oder sogar geizig sein, wenn man sparen will? Und wie du mir vorhin erzählt hast, komme ich um das Sparen ja gar nicht drum herum. Geizhälse konnte ich aber noch nie leiden und ich will ganz bestimmt keiner werden“, sagte Max.
„Nein, es kommt auf die richtige Strategie an beim Sparen“, beruhigte der Vater seinen Sohn.

## 5.9 Sparstrategie

„Ich verspreche dir eins, wenn du sofort anfängst 50 % deines Taschengeldes zu sparen, und dich nur die ersten 1 bis 2 Monate bewusst disziplinierst, dann wirst du es ab diesem Zeitpunkt gar nicht mehr merken, dass du nur noch mit 50 % auskommen musst. Du hast dich dann an den Lebensstandard gewöhnt, den du mit 50 % hast. Um sicher zu stellen, dass du das auch wirklich schaffst, fange damit an, dich immer zuerst zu bezahlen und erst dann alle anderen. Immer wenn du neues Taschengeld bekommst, lege die 50 % beiseite, wie du das am besten machst, besprechen wir später. Das hat zwei wichtige Ergebnisse zur Folge.
Erstens ist das der einfachste und sicherste Weg, dass du wirklich das sparst, was du dir vorgenommen hast. Wenn du die Strategie verfolgst, erst am Ende der Woche oder des Monats zu schauen, was übrig ist zum Sparen, dann wird fast immer alles weg sein.
Zweitens wirst du dich über das Anwachsen deines gesparten Vermögens immer freuen und bekommst so gerade am Anfang die nötige positive Energie, die du brauchst, um die nötige Disziplin für lange Zeit aufrechtzuerhalten.
Und nun kommt eine weitere Strategie hinzu. Jedes Mal, wenn du eine Taschengelderhöhung bekommst, spare hiervon auch jeweils

50 % und die übrigen 50 % hast du nun, um sie für all die schönen bzw. leckeren Dinge auszugeben. Das Gute daran ist, dass du ja 50 % mehr als vorher hast und somit fühlst du dich sowieso wie der König von China.
Außerdem appelliere ich an deine Cleverness, denn auch mit weniger Taschengeld fallen dir ganz bestimmt Wege ein, um an die eine oder andere Leckerei zu kommen, ohne dein Taschengeld dafür zu verwenden.
So jetzt müssen wir aber auch an die Zeit denken, wo du uns verlässt, um dein eigenes Leben zu führen und später auch eine eigene Familie zu gründen. Sobald du in deine eigenen vier Wände ziehst und weißt, was du verdienst und welche Kosten auf dich zu kommen, dann ist das Wichtigste zuerst wieder einen aktuellen Haushaltsplan aufzustellen. Da du nun aber von dem übrigen Geld auch noch deinen Urlaub etc. bestreiten musst, rate ich dir für den Anfang 10 % deines Nettogehalts zu sparen. Bei jeder Gehaltserhöhung, die du bekommst, spare hiervon wieder die 50 %. Dadurch erhöht sich deine Sparrate kontinuierlich und du fühlst dich gut dabei. Wenn du dich dann wirklich an den neuen Lebensstandard gewöhnt hast, kannst du vielleicht versuchen, die ursprünglichen 10 % auf 15 % zu erhöhen, aber nur schrittweise. Also zum Beispiel alle drei Monate 1 % mehr“, sagte der Vater.

## 5.10 Schulden

„Ich weiß zwar, dass du momentan keine Schulden hast, da ich deinen tollen Haushaltsplan gesehen habe, den du für die Schule ausgearbeitet hast. An dieser Stelle ist es genau der richtige Zeitpunkt, auch über das Thema Schulden zu sprechen.

Hierzu sollten wir uns erst einmal überlegen, wie es zu Schulden kommen kann. Es liegt leider in der Natur des Menschen, dass wir für Schulden anfällig sind, denn immer, wenn wir uns etwas Tolles leisten, dann schüttet der Körper Glückshormone aus und wir fühlen uns prächtig. Und da der Körper quasi Schmerzen verhindern will, gibt es das kleine Teufelchen auf unserer Schulter, welches versucht, dich zu verführen. Wenn wir unseren Schweinehund nicht ein wenig unter Kontrolle haben, dann kaufen wir Dinge, die auf den ersten Blick sinnvoll und toll erscheinen, aber auf den zweiten Blick nicht wirklich nötig sind und schwuppdiwupp schlägt die Schuldenfalle zu.

Merke dir eins, es gibt intelligente und dumme Schulden. Intelligente Schulden sind zum Beispiel Hypotheken beim Hauskauf, da der Wert des Hauses der Schuld gegenübersteht, oder wenn man Geld für die Gründung einer Firma aufnimmt.

Dumme Schulden sind Konsumschulden. Die halte ich für sehr gefährlich, keiner muss von Anfang an das neuste Auto fahren, eine Waschmaschine, den Trockner, den größten Fernseher, das neuste Handy und den schnellsten Computer ab der ersten Sekunde der Selbstständigkeit haben.

Wenn du es trotz meiner Ermahnungen schaffst später Schulden anzuhäufen, dann gibt es auch hier eine Strategie, um mit dem Problem fertig zu werden. Wichtig ist, dass du nicht alles verfügbare Geld nimmst, um deine Schulden zu tilgen. Denn wo würdest du finanziell stehen, wenn du es dann nach Jahren geschafft hättest, alle Schulden zu tilgen?“, fragte der Vater.

„Bei null“, antwortete Max.

„Genau und bei null will man nur einmal in seinem Leben stehen und das ist bei der eigenen Geburt. Versuche also die 50/50-Regel

umzusetzen. Das heißt, dass du mit allen Gläubigern, das sind die Personen bzw. Firmen oder Banken, denen du Geld schuldest, reden musst, um mit der Hälfte des verfügbaren Kapitals beim Tilgen auszukommen. Mit dem Wort Tilgen ist der Betrag gemeint, den du von deinen Schulden zurückzahlst und der die Restschuld dabei verringert. Hiermit sind also keine Zinszahlungen gemeint. Natürlich darfst du den Gläubigern nichts davon erzählen, dass du eigentlich doppelt so viel Geld zur Verfügung hättest, sonst stimmen sie bestimmt nicht zu. Ansonsten lassen sich viele Menschen oder Firmen auf eine Ratenzahlung, auch Teilzahlungen genannt, ein. Wichtig ist nur, dass nach so einer Vereinbarung auch tatsächlich das versprochene Geld pünktlich fließt. Wenn du aber nur 50 % deines verfügbaren Geldes brauchst, kannst du das sicherstellen.
Die weiteren 50 % nimmst du wieder, um zu sparen und dir dein Vermögen aufzubauen. Dadurch bekommst du trotz der Schulden wieder ein gutes Gefühl vom Geld und du stärkst dein Selbstbewusstsein. Natürlich dauert die Tilgungsphase durch diese Maßnahme doppelt so lange, aber du hast am Ende ein tolles Vermögen aufgebaut und kannst stolz auf dich sein", sagte der Vater.

„Boa, Mama und Papa, das klingt doch schon besser, ihr seid klasse Lehrer und ihr hattet recht, das war jetzt wirklich eine ganze Menge und das muss ich erst mal verarbeiten, ich danke euch ganz herzlich. Hoffentlich kann ich heute schlafen, bei allem was mir so durch den Kopf schwirrt."
Damit beendete Max die Runde am Essenstisch und gab seinen Eltern einen Kuss und machte sich fürs Schlafengehen fertig.

# 6 Nur noch ein Tag bis zum Geburtstag

An diesem Morgen ist Max 30 Minuten früher aufgestanden, da er sich ja mit Lisa verabredet hatte und er noch einige Vorbereitungen zu treffen hatte. Seine Eltern schauten zwar ein wenig verstört, als er 30 Minuten früher auf der Matte stand und gut gelaunt zum Frühstück kam, aber sie störte es weiter nicht. Max stieg in den Bus und fuhr Richtung Schule. Doch er musste eine Station früher aussteigen als gewöhnlich, da er noch zum Supermarkt wollte, um ein paar Schokoriegel zu kaufen. Hier waren sie bedeutend günstiger als am Kiosk vor der Schule. Wie verabredet traf Max sich mit Lisa und gab ihr die versprochenen Schokoriegel. Sie steckte sie ein und ging den Rest des Weges mit einem schelmischen Lächeln im Gesicht zur Schule, während Max den Bus nahm. Keiner sollte merken, dass sie sich vorab getroffen hatten.

Die erste Stunde startete und Lisa lies aus Versehen beim Eintreten von Paul und Erik ihre Tasche vom Tisch fallen und wie durch ein Wunder purzelte einer der Schokoriegel aus der Tasche, so dass es jeder sehen konnte. Max versuchte als Einziger sein Augenmerk auf Paul und Erik zu richten und sah das Aufblitzen in ihren Gesichtern. Er wusste genau, Paul hatte auf jeden Fall angebissen.

*Lisa*

Der Goldfisch
Mund

Zwischen der ersten und der zweiten Stunde gab es nur eine kleinere Pause, da konnte eigentlich nicht viel passieren, aber Max lies Lisas Tasche nicht aus den Augen. Nun kam die Lehrerin in die Klasse, die die Schüler am Tag zuvor zum Thema Geld unterrichtet hatte. Sie war wieder recht gut gelaunt, als wenn sie wissen würde, dass dieses Thema so ziemlich jeden interessiert und sie alles im Griff hatte.
Sie rief nach und nach die Schüler auf und notierte alle Punkte der Einnahmen- und Ausgabenseite und ergänzte alle neuen Punkte. Sobald einige Punkte zu einem Oberbegriff zusammengefasst werden konnten, wurden die einzelnen Punkte wieder gestrichen und nur der Oberbegriff an die Tafel geschrieben. So bekamen alle einen recht guten Überblick, was alles auf dieser Liste stehen sollte. Zusammengefasst sah das Ganze wie folgt aus:

## 6.1 Haushaltsplan Allgemein

# Haushaltsplan Kinder und Jugendliche

| Einnahmen (monatlich) | |
|---|---|
| Taschengeld | |
| Geldgeschenke | |
| Einkommen | |
| Zinsen | |
| Dividenden | |
| | |
| | |
| | |
| | |
| | |
| | |
| Summe Einnahmen | |
| | |

| Ausgaben (monatlich) | |
|---|---|
| Zeitschriften/Bücher | |
| Hobby | |
| Kleidung | |
| Sport | |
| Accessoires | |
| Kino | |
| Essen und Trinken | |
| Spiele/Games | |
| Handy | |
| Elektronik | |
| Sonstige | |
| Summe Ausgaben | |
| | |

„Wie Max es schon richtig erwähnt hat, bekommt man einen Haushaltsplan, wenn man beide Seiten addiert. Nun rechnen wir die Einnahmen minus die Ausgaben und bekommen als Ergebnis hoffentlich einen Haushaltsüberschuss, oder wenn wir schlecht wirtschaften ein Haushaltsdefizit. Wenn ihr eure privaten Zahlen anschaut, gefällt euch das oder gefällt euch das eher nicht?“, fragte die Lehrerin.
Die einhellige Meinung war, dass man mit dem eher geringen Taschengeld kaum haushalten konnte.
„Es gibt nun genau zwei Wege seine Situation zu verbessern, entweder wir erhöhen unsere Einnahmen, und/oder wir senken unsere Ausgaben. In der restlichen Zeit der Unterrichtsstunde werde ich euch für beide Seiten einige Anregungen geben.

## 6.2 Zwei Wege zur Verbesserung des Haushaltsplans

Fangen wir am besten auf der Einnahmenseite an. Wie ihr schon von euren Klassenkameraden gehört habt, haben einige einen kleinen, aber regelmäßigen Job, wie Zeitungaustragen, Autos waschen oder Rasen mähen. Das Beste ist, wenn ihr etwas findet, was euch richtig viel Spaß macht und etwas, was ihr besonders gut könnt. Das kann zum Beispiel das Ausführen von Hunden sein, oder die Nachbarn in eurer Straße am Sonntag mit Brötchen und Zeitungen versorgen. Seid hier einfach kreativ und versucht eure ersten Kunden zu bekommen. Wenn ihr etwas gerne macht, dann werdet ihr es auch nach einiger Zeit besser machen als andere und dafür sind Menschen gerne bereit euch auch entsprechend zu entlohnen. Der andere Vorteil ist, wenn es euch Spaß macht, dann ist es etwas, was ihr gerne macht und nicht etwa ein notwendiges

Übel. Spätestens wenn ihr Geld dazuverdient wäre ein weiterer guter Tipp von mir, dass ihr einen Teil davon spart und versucht, es gewinnbringend anzulegen, so arbeitet das Geld auch für euch wie viele kleine Zwerge. Wenn es so weit ist, sprecht am besten mit euren Eltern, die helfen euch eine Möglichkeit zu finden, wie ihr das Geld am besten spart.
So, nun kommen wir noch zu der Ausgabenseite. Den ersten Schritt, um die Kosten zu senken, habt ihr alle schon gemacht. Das ist nämlich das Zusammenstellen eines Haushaltsplans. Denn um Kosten zu senken, muss man erst einmal wissen, wofür man das Geld wirklich und in welcher Höhe ausgibt. Nun schaut euch diese Liste noch mal genau an und findet Wege, die Ausgaben zu reduzieren. Stellt jede Ausgabe auf den Prüfstand. Einige Ausgaben sind bestimmt nicht in der vorhandenen Höhe nötig oder man kann auch auf das eine oder andere ganz verzichten“, führte die Lehrerin aus.
„In den letzten 25 Minuten habt ihr einige Anregungen kennen gelernt, um eure beiden Seiten des Haushaltsplans zu optimieren. Bitte schaut euch bis zur nächsten Stunde eure ganz persönliche Situation an und versucht einige Punkte/Möglichkeiten zu finden, eure Situation zu verbessern. Da diese Hausarbeit natürlich sensible, private Daten beinhaltet, werde ich die Ergebnisse nicht öffentlich abfragen, sondern biete euch private Einzelgespräche an. Eine Liste mit Terminen lasse ich rumgehen, bitte tragt euch entsprechend ein.“
Mit diesen Worten beendete die Lehrerin die Stunde und nun war es Zeit für die erste große Pause, doch zum Verdruss von Max passierte nichts Ungewöhnliches und so konnte die Falle noch nicht zuschnappen. Erst in der zweiten großen Pause, nach dem Sport-

unterricht, bemerkte er, dass sich diesmal Erik bemühte, Kontakt mit Lisa aufzunehmen. Da er sich ein wenig dämlich anstellte, klappte das anfangs nicht so richtig. Lisa erkannte die Situation zum Glück und half ihm dabei, sich ablenken zu lassen. Das war wirklich hollywoodreif und Max hatte sich wie versprochen versteckt und wartete auf die passende Gelegenheit, mit seinem Smartphone den richtigen Schnappschuss zu machen. Und tatsächlich – während Erik versuchte Lisa von ihrer Tasche wegzulocken, ging Paul ganz dreist vor und schnappte sich ohne den Versuch, sich zu verstecken, die zwei Schokoriegel, die in der Tasche waren. Max freute sich wie ein Kind als er diverse Fotos des Tatvorganges schoss, ohne dass er selbst bemerkt wurde. Nach der Pause ging er zu Lisa und zeigte ihr die Fotos. Sie wollten noch nicht die Katze aus dem Sack lassen und sofort alles melden, sondern erst nach der letzten Stunde gemeinsam zum Schulrektor gehen, um die beiden anzuzeigen.

So machten sie es dann auch, wohlwissend, dass Paul und Erik dadurch erst am Folgetag zur Rechenschaft gezogen werden konnten. Aber das war nun auch egal. Der Rektor kopierte sich die Fotos und versicherte, dass er sich um die Angelegenheit kümmern würde.

An diesem Tag gingen Lisa und Max stolz wie Oskar nach Hause. Max ging wie immer zu seinen Großeltern. Dort musste er natürlich erst einmal

*Der Rektor*

berichten, was er an diesem denkwürdigen Tag erlebt hat und wie er Lisa geholfen hat. Seine Großeltern waren sichtlich begeistert von den Taten ihres Enkels. Er hatte nicht einfach nur spontan reagiert, sondern hatte geplant, und das ist für einen Jungen seines Alters nicht wirklich selbstverständlich. Nachdem er eine heiße Schokolade von Oma genossen hatte, brannte Max aber doch noch so einiges auf der Seele.
„Sag mal Opi, ich habe ja wie du weißt gestern so einiges über den Haushaltsplan gelernt. Heute in der Schule haben wir darüber gesprochen, wie man versuchen kann, seine Einnahmenseite zu erhöhen und die Ausgabenseite zu verringern. Wobei gerade letzteres für jemanden in meinem Alter nur bedingt möglich ist, außer man verzichtet auf Süßigkeiten oder so. Ich habe gestern auch schon mit Mama und Papa über das Thema Sparen im Allgemeinen und Strategien, wie man richtig spart, gesprochen. Was mich jetzt aber dringend interessiert, ist, was man mit dem Geld machen kann, was am Ende übrigbleibt, also wie kann ich sparen?“, fragte Max.

## 6.3 Sparschwein

„Na Max, das passt ja gut, ich habe mit deinem Vater heute Morgen telefoniert und nachdem er mir gesagt hatte, was ihr alles besprochen habt, habe ich dir ein tolles vorgezogenes Geschenk besorgt“, sagte der Opa.
Mit diesen Worten ging er kurz in sein Schlafzimmer und holte ein bunt eingepacktes Geschenk. Sichtlich stolz legte er es auf den Couchtisch und war sich siegessicher, dass die Überraschung bei Max gut ankommen würde. Max war schon ganz aufgeregt und

hatte ein Funkeln in den Augen, doch hatte er noch überhaupt keine Ahnung wobei es sich bei dem Geschenk handeln könnte.
„Ach Opi, ich habe doch erst morgen Geburtstag, jetzt bin ich aber gespannt“, sagte Max voller Vorfreude.
Max schaute sich das Geschenk an, schüttelte es, jedoch hatte er keine Idee, worum es sich handelt. Um seiner Neugier nun endlich gerecht zu werden, riss er das Geschenkpapier auf und schließlich lachte ihn ein wunderschönes, großes Sparschein an.
„Oh, danke schön Opi, das ist ja ein tolles Sparschwein“, freute sich Max.
„Das Sparschwein soll dein erster Wegbegleiter beim Sparen sein. Ich hoffe, du fütterst es gut und regelmäßig. Aber ich will dir noch etwas zum Sparschwein verraten, denn es ist nicht nur seit vielen Jahren ein Symbol für das Sparen an sich, sondern seine Entstehung reicht viele Jahrhunderte zurück.
Das Sparschwein ist genauso wie eine Spardose bzw. Sparbüchse ein Gefäß zum Sparen von Münzgeld. Kennzeichen dieser Gefäße ist vor allem der Schlitz, durch den man das Geld in das Gefäß bringen kann. Die Geschichte der Sparbehälter beginnt sogar schon im 2. Jahrhundert vor Christus. Diese Gefäße wurden bei Ausgrabungen gefunden. Das Sparschwein ist eine rein deutsche Geschichte und Funde von mittelalterlichen Sparschweinen reichen bis ins 13. Jahrhundert hinein. Im Mittelalter gab es viele Bauern bei uns im Land und wer das Glück hatte ein oder mehrere Schweine zu besitzen, dem ging es in diesen Zeiten durchaus sehr gut. Das Schwein stand schon damals für Glück und wurde auch mit Wohlstand und folglich auch mit Geld in Verbindung gebracht. Da verwundert es nicht, dass die Menschen sich dieses Symbol zu Nutze machten und sie sich Spargefäße in Form eines Schweines machen lie-

ßen, um ihre Ersparnisse aufzuheben. Genauso wie der Bauer ein Schwein zuerst ordentlich füttern muss, damit es wächst und erst dann schlachtet, wenn es dick und rund ist, soll man auch erst an das Geld des Sparschweines gehen, wenn es restlos gefüllt ist. Sorge also ab sofort dafür, dass du dein Schweinchen immer gut behandelst und mit Münzen fütterst. Ich wünsche dir ganz viel Spaß dabei“, sagte der Opa.

„So mache ich das, versprochen. Aber was mache ich, wenn das Sparschwein voll ist?“, fragte Max.

„Na ja, jetzt kommt es darauf an, ob du das Geld länger sparen willst oder ob du das Sparschwein eher dafür nutzen möchtest, um Geld so lange zu sparen, bis du dir etwas Größeres kaufen kannst. Ich würde dir eine Mischung aus beidem raten. Das Geld, welches du nicht für einen größeren Wunsch ausgibst, und ich rate dir so viel wie möglich dafür zu verwenden, kannst du entweder auf ein Girokonto, Sparbuch oder auf einem Tagesgeldkonto einzahlen. Ich werde dir kurz erzählen, worum es sich bei diesen drei Varianten handelt“, sagte der Opa.

## 6.4 Girokonto

„Ein Girokonto, auch Sichtkonto genannt, wird für einen Kunden von einem Kreditinstitut wie zum Beispiel einer Bank geführt. Das Konto dient ausschließlich dem Zweck, den täglichen Zahlungsverkehr zu regeln. Alle Zahlungen werden entweder zugunsten oder auch zulasten des Kontos geführt. Das heißt, wenn du zum Beispiel das Bargeld deines Sparschweins nimmst und auf dein Girokonto einzahlst, dann steigt der Kontostand und wenn du Geld abhebst, um dir etwas zu kaufen, dann verringert sich der Kontostand. Alle Zu- und Abbuchungen werden sehr zeitnah vorgenommen, so dass man stets den aktuellen Kontostand erfragen kann. Mit dem Girokonto ist man sehr flexibel und es kann auch jederzeit ohne eine Kündigungsfrist gekündigt werden. Gerade für Jugendliche ist das Führen eines Girokontos meistens kostenfrei möglich. Die Flexibilität hat aber auch seinen Preis, da man meistens keine Zinsen auf sein Guthaben bekommt.

## 6.5 Sparbuch

Das Sparbuch ist nach wie vor die beliebteste Geldanlageform in Deutschland, auch wenn aufgrund der aktuellen Lage keine bzw. kaum Zinsen auf das Guthaben gezahlt werden. Bei dem Sparbuch handelt es sich um sogenannte Spareinlagen, die wie beim Girokonto an ein Kreditinstitut gegeben werden. Doch im Gegensatz zum Girokonto dienen die Spareinlagen nicht dem täglichen Zahlungsverkehr, sondern als unbefristete Geldanlage. Das Sparbuch selber dient als Urkunde für diese Spareinlagen, hierdrauf werden alle Ein- und Auszahlungen sowie die Zinsgutschriften festgehalten. Ein weiteres Kennzeichen eines Sparbuches ist, dass dieses laut Gesetzgeber mit einer Kündigungsfrist von mindestens 3 Monaten ausgestattet sein muss. Ohne ein Sparbuch zu kündigen, darf der Kunde nicht mehr als 2.000,– Euro je Sparbuch und Kalendermonat verfügen. Dafür, dass man also nicht wie beim Girokonto ohne Einschränkungen an sein Geld kommt, bekommt man im Gegenzug für das Guthaben Zinsen. Wie oben schon angedeutet, ist die Höhe der Zinsen momentan quasi gleich null, aber die Zeiten können sich natürlich wieder ändern. Prinzipiell werden die Zinsen einmal im Jahr auf dem Sparbuch gutgeschrieben. Heutzutage gibt es natürlich auch schon elektronische Sparbücher, das sogenannte Sparkonto.

## 6.6 Tagesgeldkonto

Als eine modernere Form des Sparbuches könnte man das Tagesgeldkonto bezeichnen, da es nicht so starre Regeln hat wie das Sparbuch. Das Tagesgeldkonto dient, wie das Sparbuch, ausschließlich dem Zweck der Geldanlage. Das Guthaben wird verzinst, es gibt keine festgelegte Laufzeit und du kannst täglich über das eingezahlte Geld in voller Höhe verfügen. Hierzu kannst du einen Betrag deiner Wahl auf dein hinterlegtes Referenzkonto, welches oft ein Girokonto ist, überweisen und dann von dort aus weiterüberweisen oder auch abheben. Als letzten Unterschied zum Sparbuch gibt es auch keine Kündigungszeit beim Tagesgeldkonto“, sagte der Opa.

„Da würde ich spontan sagen, dass mir ein Tagesgeldkonto am besten gefallen würde, aber du sprichst beim Sparbuch und beim Tagesgeldkonto von Zinsen. Ich habe das Wort zwar schon des Öfteren gehört, aber so richtig weiß ich nicht, was es mit Zinsen so auf sich hat. Kannst du mir das bitte kurz erklären?“, fragte Max.

„Das mache ich gerne, aber vorher möchte ich dir noch das Bausparen erklären. Das hat an dieser Stelle nicht wirklich etwas zu suchen, da der ursprüngliche Gedanke ein anderer ist. Viele Familien nutzen einen Bausparvertrag, um für Ihre Kinder etwas zu sparen. Es kann sein, dass du bei Gesprächen mit deinen Freunden mit diesem Thema konfrontiert wirst. Aus diesem Grund werde ich hiermit anfangen. Ist das o.k. für dich?“, fragte der Opa.

„Natürlich!“, sagte Max.

## 6.7 Bausparen

Das ursprüngliche System beim Bausparen ist das gemeinschaftliche Sparen für individuelle Ziele, wie zum Beispiel, um ein Haus zu kaufen oder zu bauen. Lass mich dir hier am besten ein Beispiel geben. Du wolltest doch letztes Jahr ein Baumhaus kaufen, hast die Idee aber fallen lassen, da es mit 1.000,– Euro zu teuer war. Nehmen wir mal an, du könntest durch das Sparen deines Taschengeldes jedes Jahr 100,– Euro sparen. Dann würdest du 10 Jahre brauchen, um das Geld für dein Baumhaus beisammen zu haben, stimmt das?", fragte der Opa.

„Stimmt, so war das leider", entgegnete Max mit einem leicht traurigen Gesicht.

„Sei nicht traurig, aber jetzt verrate ich dir, wie man so ein Thema angehen könnte. Nehmen wir mal an, du würdest zehn weitere Personen finden, die auch ein Baumhaus für 1.000,– Euro haben möchten, und jeder würde 100,– Euro im Jahr sparen, dann würdet ihr zusammen 1.000,– Euro sparen. Wenn ihr euch jetzt zum Beispiel durch ein Losverfahren einig werdet, wer als erstes den Zuschlag bekommt, könnte diese Person ihren Traum vom Baumhaus bereits nach dem ersten Jahr verwirklichen. Die zweite Person dann nach dem 2. Jahr und so weiter. Nur eine Person müsste genauso lange warten, wie sie es auch tun müsste, wenn sie allein das Geld zusammensparen würde. Alle anderen haben einen Vorteil durch dieses System. Im realen Leben übernimmt die Bank die Aufgabe zum einen die zehn Sparer zusammenzubringen und zum anderen die Zuschläge nach bestimmten Kriterien zu vergeben. Für dieses Management erhält die Bank Geld, die als Kosten beim Vertragsabschluss anfallen.

Generell sichert der Bausparvertrag einem ein zinsgünstiges und

zinsfestes Bauspardarlehen über die gesamte Laufzeit. Dieses kann sowohl zum Erwerb oder Bau einer Immobilie oder auch für in Zukunft anfallende Reparaturen verwendet werden. Je nach der persönlichen Einkommenssituation des Bausparers kommen staatliche Förderungen wie die Wohnungsbauprämie unterstützend hinzu.
Der Hauptzweck des Bausparvertrages ist der Wunsch vom eigenen Heim, das gerade heute immer mehr auch als Altersvorsorge betrachtet wird. Gerade zu den heutigen niedrigen Zinsen macht ein Bausparvertrag absolut Sinn. Denn dadurch kann man die niedrigen Zinsen von heute in die Zukunft transportieren und zum Beispiel in sieben Jahren die Finanzierung der Immobilie sichern. In der Zeit bis zur Zuteilung spart man dann schon ein kleines Grundkapital an. Wenn man also den Traum der eigenen vier Wände hat, kann ich zu dieser Sparform nur raten.
Abgesehen davon gibt es aber auch Bausparverträge, die nicht unbedingt an ein Bauspardarlehen gekoppelt sind. Diese versprechen Bonuszinsen bei Nichtinanspruchnahme des Bauspardarlehens und werden am Ende des Vertrages gezahlt. Hier muss man aber aufpassen, denn gerade heute bei den geringen Garantiezinsen und unter der Berücksichtigung der Kosten lohnt sich ein Bausparvertrag als reine Sparform nicht immer.
So, Max, jetzt hast du eine gute erste Vorstellung, wie man einfach sparen kann und du verstehst, dass der Bausparvertrag an dieser Stelle eigentlich nichts zu suchen hat, aber doch des Öfteren in diesem Zusammenhang behandelt wird.
Hast du hierzu noch Fragen?“, wollte der Opa wissen.
„Das habe ich verstanden Opa, aber auch hier ist wieder das Wort Zinsen gefallen und nun bringe hier bitte Licht ins Dunkle für mich“, bat Max seinen Opa mit einem grinsenden Gesicht.

## 6.8 Zinsen und Zinseszinsen

„Das mit den Zinsen ist eigentlich ganz einfach. Dafür dass du zum Beispiel bei der Bank Geld auf das Sparbuch oder Tagesgeldkonto einzahlst, bekommst du als Vergütung Zinsen gezahlt. Die Höhe der Zinsen richtet sich nach dem vereinbarten Zinssatz. Der Zinssatz ist die prozentuale Größe, die du als Geldbetrag in Abhängigkeit des eingezahlten Kapitals bekommst. Zum Beispiel, wenn du 100,– Euro auf dem Tagesgeld-Konto hast und der vereinbarte Zinssatz, sagen wir mal großzügig, 4 % ist, dann bekommst du nach einem Jahr 4,– Euro Zinsen gutgeschrieben und dein Kontostand wächst ohne dein Dazutun auf 104,– Euro an. Das klingt jetzt erst einmal recht gering, doch wenn du das Geld wie besprochen regelmäßig sparst und auch mit einem langen Zeithorizont rechnest, dann entsteht etwas Tolles, und zwar die Macht von Zins und Zinseszins. Um das zu verdeutlichen, lass uns einfach ein paar Jahre weiterrechnen. Die 104,– Euro werden nach einem Jahr wieder mit 4 % verzinst und spätestens jetzt brauchen wir eine Formel zum Berechnen der Zinsen.

$$Z = \frac{K \times p}{100}$$

Hierbei sind: Z = die anfallenden Zinsen, K = das angesparte Kapital und p = der Zinssatz in % ausgedrückt. Für das zweite Jahr in unserem Beispiel ergibt das:

$$Z = \frac{104 \times 4}{100}$$

$$Z = 4{,}16$$

Das heißt nun sind es schon 104,– + 4,16 = 108,16 Euro. Nach dem dritten Jahr schon 112,49 Euro und um noch ein Jahr weiter zu rechnen 116,99 Euro nach dem vierten Jahr und so weiter. Wenn man nicht so viel auf dem Taschenrechner tippen will, kann man auch gleich das Kapital wie folgt errechnen:

$$K_{neu} = K_{alt} \times (1+i)$$

i ist hier der Zinssatz als Dezimalangabe:

$$i = \frac{p}{100}$$

Für unser Beispiel sieht das nach dem zweiten Jahr so aus:

$$K_{neu} = 104 \times 1{,}04 = 108{,}16$$

Nach dem dritten Jahr:

$$K_{neu} = 108{,}16 \times 1{,}04 = 112{,}49$$

So kommt man schnell zum Ziel, wenn du in Mathe dann noch ein Stückchen weiter bist, gibt es hierfür auch noch eine Vereinfachung. Mit der kannst du sofort das Kapital zum Beispiel nach 10 Jahren ausrechnen, ohne 10 x den obigen Schritt zu machen, aber das erkläre ich dir, wenn du soweit bist.

Auf jeden Fall siehst du, dass Zins und Zinseszins eine recht mächtige Waffe sind, um die Zinserträge zu erhöhen. Das Problem ist nur, dass du momentan einfach keine beziehungsweise quasi keine Zinsen bekommst auf das Geld, welches auf dem Sparbuch oder Tagesgeldkonto liegt. Vielleicht ändern sich die Zeiten demnächst wieder“, sagte der Opa.

„Mhh, das sind ja echt schlechte Zeiten momentan, um zu sparen. Ich finde es echt gemein, dass man auf der einen Seite privat vorsorgen muss und auf der anderen Seite gibt es quasi keine Zinsen für eine sichere Geldanlage auf einem Spar- oder Girokonto. Das passt doch nicht wirklich zusammen. Gibt es denn noch andere Möglichkeiten, etwas mit seinem gesparten Geld anzufangen und bis zu welcher Höhe macht es überhaupt Sinn Geld zu sparen?“, fragte Max abschließend.
Der Opa war mal wieder davon beeindruckt, dass Max diese Zusammenhänge in seinem Alter schon erkannte und wirklich kluge Fragen stellte. Daher wollte er das Thema mit Max gerne weiter besprechen, allerdings war er nicht 100 % auf dem laufenden, was das Thema Investments wie Fondsparpläne etc. angeht, daher sagte er: „Lieber Max jetzt bin ich tatsächlich zum Teil am Ende meines Lateins, aber zur Frage der Höhe, bis zu welcher Summe es Sinn macht zu sparen, kann ich dir noch einiges erzählen. Bezüglich deiner anderen Frage, wendest du dich am besten an deinen Vater, ist das o.k.?“, wollte der Opa wissen.
„O.k., das mache ich“, erwiderte Max.

## 6.9 Rücklagensparen

„Mal abgesehen, dass ich jetzt auch schon ein wenig erschöpft bin, habe ich dir ja versprochen, noch etwas zu der Höhe des ersparten Geldes zu sagen. Hier musst du eine Unterscheidung treffen. Du kannst für deine Altersvorsorge beziehungsweise mittel- bis langfristigen Ziele sparen. Hier gibt es keine sinnvolle Obergrenze. Je mehr du hier zurücklegen kannst, umso besser. Aber man

braucht auch eine Geldreserve für Notfälle. Diese kurzfristige Geldanlage wird auch als Rücklagensparen bezeichnet, das ist vor allem wichtig, wenn du später deine eigene Familie gründest oder zumindest dein Elternhaus verlässt. Denn es kann immer mal passieren, dass dein Auto, der Fernseher oder die Waschmaschine kaputtgeht. Da es sich hierbei in der Regel um teurere Anschaffungen handelt, die unerwartet kommen, ist es immer gut, eine genügend hohe Rücklage zu haben. Wir haben ja schon gelernt, das Konsumschulden, wenn irgendwie möglich, zu vermeiden sind. Aber wie hoch plane ich nun meine Rücklagen? Hier gibt es einen allgemeinen Richtwert, der besagt, dass man mindestens zwei bis drei Nettogehälter an Geldreserven haben sollte. Hierbei ist vor allem wichtig, dass man ohne Umstände schnell an das Geld kommt. Deswegen ist Renditedenken hier fehl am Platz. Maximal ein Tagesgeldkonto sollte hier gewählt werden, am besten sogar ein Safe, wenn vorhanden. Dann weiß niemand, wie viel Geld darin liegt und man kann auf dieses Geld auch zurückgreifen, wenn man zum Beispiel insolvent ist und sonst alles andere Geld gepfändet wurde.
An dieser Stelle will ich dir keine Schauergeschichten erzählen. Vor allem unterstütze ich dich so gerne bei diesem Thema, damit die Chance geringer wird, dass du mal in eine finanzielle Schieflage gerätst.
Um jetzt aber wieder auf das Thema Rücklagensparen zurückzukommen, müssen wir noch klären, welches Sparziel für dich interessant ist, da du ja momentan und auch die nächsten Jahre kein nennenswertes Nettoeinkommen haben wirst. Für dich würde ich das Nettodurchschnittsgehalt als Grundlage vorschlagen. Laut statistischem Bundesamt liegt der durchschnittliche

Bruttomonatsverdienst bei 3703,– Euro. Wir unterstellen mal 45 % Steuern, dann ergibt sich ein durchschnittlicher Nettomonatsverdienst von 2036,– Euro, also rund 2000,– Euro. Also solltest du versuchen, bis zu deinem Auszug bei deinen Eltern zwischen 4.000,– und 6.000,– Euro zurückzulegen.
Solange du bei deinen Eltern lebst, werden die ja für alle Notfälle aufkommen. Somit hast du eine Menge Zeit, diese große Summe zurückzulegen. Aber spare jetzt nicht all dein Geld nur für die Rücklagen. Da du ja noch bestimmt so um die 10 Jahre hast, es sei denn du willst schon direkt mit 18 nach der Schule ausziehen, kannst du den größeren Teil deines Sparbetrages langfristig mit einer höheren Renditemöglichkeit anlegen. Einen kleineren Teil würde ich als reine Geldrücklage sparen. Denn so kann das Geld bis zu deinem Auszug richtig für dich arbeiten und wenn es dann soweit ist, dass du ausziehst, kannst du zur Not dein Barvermögen durch dein investiertes Vermögen auffüllen.
Anpassen brauchst du diesen Betrag erst, wenn du ein höheres Gehalt bekommst als der Durchschnitt, denn dadurch wird, auch trotz all der Sparstrategien, dein Lebensunterhalt steigen und du wirst dir hochwertigere Produkte kaufen, die aber auch teurer sind. Und um das zu stemmen, brauchst du höhere Rücklagen.
So, jetzt glaube ich, dass wir einen schönen Abschluss unserer Lernstunde gefunden haben. Wenn du diese Weisheiten befolgst, wird dich kaum etwas Unvorhergesehenes aus der Bahn werfen, und glaube mir, mit einem solchen Polster lässt es sich einfach besser schlafen. Ich hoffe, du hast alles verstanden und bist mit meinen Ausführungen zufrieden. Mir hat es auf jeden Fall Spaß gemacht“, mit diesen Worten beendete der Opa das Thema und musste erst einmal einen großen Schluck Wasser trinken.

Nachdem er von seinem Opa wieder so viel gelernt hatte, ging er voller Erwartungen nach Hause und da es heute etwas länger gedauert hatte, warteten seine Eltern bestimmt schon auf Max. Als er zuhause klingelte, öffnete seine Mutter die Tür und war sichtlich erleichtert, Max zu sehen.
„Wo warst du so lange? Dein Vater kommt auch gleich, er ist noch auf einem Termin, aber lange kann es nicht mehr dauern", überschüttete die Mutter ihren Sohn mit Fragen.
Max erzählte ihr erst einmal von seinen Erlebnissen in der Schule und seine Mutter konnte kaum glauben, dass er sich das überlegt und durchgezogen hatte. Sie war mächtig stolz auf Max. Dann erzählte Max ihr noch von seiner Zeit bei den Großeltern und von der noch offenen Frage. Da sagte seine Mutter sofort, dass sein Opa recht hatte und Papa der richtige Ansprechpartner für diese Frage wäre.
Max nutzte die Zeit, bis sein Vater endlich zur Tür reinkam, mit Computerspielen. Er hörte, wie sein Vater mit seiner Mutter sprach und sie ihm schon mal als Vorwarnung alles erzählte. Da es schon etwas später war, wollte Max keine unnötige Zeit mehr verstreichen lassen, beendete das Spiel und ging zu seinem Vater.
„Hallo Papa, ich freue mich so …", mit diesen Worten, ohne den Satz zu Ende zu sprechen, rannte er auf seinen Vater zu und gab ihm einen dicken Schmatzer.
„Hallo lieber Max, ich freue mich natürlich auch dich zu sehen und deine Mutter hat mir schon von deinen Fragen berichtet. Ich würde jetzt gerne noch kurz etwas essen und dabei würde ich gerne von dir noch mal in allen Details hören, was du heute so in der Schule erlebt hast und dann werde ich gerne, wie gestern Abend versprochen, deine Fragen beantworten."

Auf diese Frage seines Vaters hin erzählte Max stolz, wie er die Falle etc. gestellt hatte und wie sein Gespräch beim Rektor am Ende des Schultages verlaufen war. Vor allem schwärmte Max von Lisa, wie sie bei dieser Aktion mitgespielt hatte und was sie doch für ein nettes Mädchen wäre.
Als sein Vater fertig mit Essen war und er aufmerksam seinem Sohn zugehört hatte, sagte er:
„Max, ich bin wirklich stolz auf dich. Nun werde ich meinen Teil des Versprechens erfüllen und dir so einiges über die private Altersvorsorge erzählen."

## 6.10 Private und betriebliche Altersvorsorge

„Unter der privaten und betrieblichen Altersvorsorge versteht man vor allem verschiedene Altersvorsorge-Varianten, die durch staatliche Förderung unterstützt werden. Wie du schon von Opa gelernt hast, wird die staatliche Rente für viele garantiert nicht ausreichen, um ein Leben im Alter auf dem gleichen Niveau zu führen, wie man es in der Zeit geführt hat, in der man gearbeitet hat. Obwohl der Staat immer noch suggeriert, dass die Rente sicher ist, hat auch der Staat erkannt, dass die Tatsache so ist, und durch die staatliche Förderung gesteht der Staat auch ein Stück weit sein falsches Versprechen ein. Aber ich will jetzt an dieser Stelle nicht über Politiker und ihre Versprechen lästern, denn das bringt keinen wirklich weiter. Auf jeden Fall macht es Sinn zu prüfen, ob sich im konkreten Fall private Förderung lohnt. Bei vielen ist das so, aber wie immer im Leben bestätigen die Ausnahmen die Regel und es gibt auch Situationen, in denen es besser ist, auf die Förderung zu verzichten und sein Geld anders anzulegen.

Die private Altersvorsorge teilt sich in zwei verschiedene Bereiche auf, und zwar in den reinen privaten Bereich, das heißt die dazugehörigen Verträge laufen auf eine natürliche Person und werden auch von einer natürlichen Person bezahlt. Bei diesen Formen handelt es sich um die sogenannte Riester-Rente und die Rürup-Rente und dann gibt es noch die betriebliche Altersvorsorge. Auf die Anlageformen wie die Direktversicherung, Pensionskasse, Pensionsfonds, Unterstützungskasse oder Direktzusage will ich an dieser Stelle komplett verzichten. Das würde den Rahmen für dich echt sprengen und falls es dich dann doch interessiert, dann habe ich ein tolles Buch von der Verbraucherzentrale und eins von Stiftung Warentest. Die beiden Bücher geben dir ein umfangreiches Grundlagenwissen.

Generell ist bei der betrieblichen Altersvorsorge die versicherte Person auch eine natürliche Person, in diesem Fall der Arbeitnehmer. Die Abwicklung läuft aber über die Firma des Arbeitgebers und die Beiträge werden über die Firma abgeführt. Der Arbeitgeber ist also Versicherungsnehmer. Trotzdem gibt es hier sowohl eine arbeitgeberfinanzierte als auch arbeitnehmerfinanzierte Variante. Natürlich ist auch jede Mischform möglich. Ich möchte nur sehr, sehr kurz über die einzelnen Anlageformen sprechen, da diese für dich erst relevant werden, wenn du Geld verdienst und es diverse Auflagen gibt, um zulagenberechtigt zu sein. Hier wird geprüft, ob du die jeweilige Förderung überhaupt bekommen darfst.

So nun gebe ich dir ein paar Infos zu den zwei privaten Anlageformen.

### 1. Riester-Rente

Wie der Name schon erahnen lässt, geht diese Anlageform auf Walter Riester zurück. Bei ihm handelt es sich um einen Politiker, der im Jahre 2000/2001 in seinem damaligen Amt als Bundesminister für Arbeit und Sozialordnung im Rahmen der Reform der gesetzlichen Rentenversicherung die Grundlagen zu dieser Anlageform vorschlug. Die Riester-Rente wird durch staatliche Zulagen und einem Sonderausgabenabzug gefördert.

### 2. Rürup-Rente

Nun haben wir keinen weiteren Politiker, sondern der Ökonom Bert Rürup gilt hier als Namensgeber. Die Rürup-Rente wird auch als Basisrente bezeichnet und wurde 2005 als steuerlich begünstigte Form der Altersvorsorge eingeführt. Von dieser Anlageform profitieren vor allem Personen, die in der Ansparphase ein höheres steuerpflichtiges Einkommen haben oder Selbstständige, die oft mangels Pflichtversicherung nicht in die gesetzliche Rente einzahlen und auch nicht zulagenberechtigt sind bei der Riester-Rente“, sagte der Vater.

„Das mit der privaten Altersvorsorge klingt recht komplex, dass der Staat einen dabei teilweise unterstützt, finde ich aber klasse. Da du mir ja schon gesagt hast, dass dieses Thema für mich erst relevant wird, wenn ich mein eigenes Geld verdiene, will ich mich mit diesem Thema momentan auch nicht tiefergehend beschäftigen. Gibt es denn noch eine Möglichkeit Geld anzulegen, ohne einen vertraglichen Zwang?“ fragte Max.

„Ja mein Kind, jetzt betreten wir zum einen das Feld von Immobilien und zum anderen das Feld von Wertpapieren wie zum Beispiel Aktien. Gerne erläutere ich dir auch diese Möglichkeiten dein

Geld anzulegen. Mit dem Thema Immobilien werde ich anfangen und anschließend konzentrieren wir uns bei den Wertpapieren auf die Anleihen/Renten, Geldmarktpapiere und Aktien. Alles andere führt zu weit und würde dich eher vom Wesentlichen ablenken. In diesem Zusammenhang müssen wir aber auch über das sogenannte magische Dreieck sprechen, um dann im nächsten Schritt über Fonds und die Möglichkeit von Fondsparplänen zu reden. So wird aus diesem Themenblock eine runde Sache", sagte der Vater.

## 6.11 Immobilien

„Ich fange mit Immobilien an, weil Immobilien als solches betrachtet zwar auf der einen Seite im Moment für dich viel zu teuer sind, aber auf der anderen Seite für dich vielleicht ein Anreiz darstellen können, um zum Beispiel über Fondsparpläne, über die ich am Ende sprechen werde, genug Kapital aufzubauen, um später dann auch Immobilien erwerben zu können. Außerdem gibt es auch Aktien und Fonds, die in Immobilien investieren, daher ist es auch für diesen Fall wichtig, über das Thema ein gewisses Grundwissen zu haben. Bevor ich detaillierter etwas zu Immobilien sage, mache ich noch einen kleinen Ausflug mit dir, da es bei allen Investitionen, die ich dir nun vorschlage, darum geht, sein Geld für sich arbeiten zu lassen.

Robert T. Kiyosaki schreibt in seinen bekannten Büchern davon, dass es unerlässlich ist, dass man in Sachen investiert, die einen positiven Cashflow, also ein passives Einkommen generieren, um finanzielle Freiheit erreichen zu können.

Seine Regel Nummer eins ist, dass man lernen muss, zwischen Vermögenswerten und Verbindlichkeiten zu unterscheiden. Das klingt eigentlich ganz einfach, aber viele Menschen denken, dass sie einen

Vermögenswert kaufen, obwohl sie in Wahrheit eine Verbindlichkeit gekauft haben. Hierfür wäre eine Immobilie ein gutes Beispiel.
Wenn du dir auf der einen Seite eine Villa mit Swimmingpool kaufst, die viel zu teuer ist, dann würde man bei Immobilien immer denken, die hat doch einen Gegenwert, also muss es sich doch um einen Vermögenswert handeln. Falsch, genau das Gegenteil ist der Fall. So eine Immobilie kostet dich Geld, du musst die Steuern bezahlen, eventuell einen Kredit abbezahlen, Strom, Versicherungen etc. bezahlen und schwuppdiwupp ist jeden Monat eine Menge Geld weg, anstatt das sie dir Geld einbringt.
Auf der anderen Seite könntest du ein Mehrfamilienhaus aus einer Zwangsversteigerung kaufen, dieses vermieten und nun, wenn du alles richtig gemacht hast, bleibt nach allen Kosten inkl. Steuern und Instandhaltungsrücklagen jeden Monat ein Betrag x übrig, ein positiver Cashflow.
Du siehst, es kommt nicht auf das gekaufte Gut an, sondern darauf, ob es dich monatlich Geld kostet oder es dir welches einbringt. Dieses Prinzip kann man auch sehr schön durch Bilder verdeutlichen. Hierzu ist es wichtig, den Unterschied zwischen einer Gewinn- und Verlustrechnung auf der einen Seite und einer Bilanz auf der anderen Seite zu kennen. Die Gewinn- und Verlustrechnung kennst du schon, es ist nichts anderes als dein Haushaltsplan, den du gestern erarbeitet hast, also eine Auflistung aller Einnahmen und Ausgaben. Die Bilanz versucht immer ein Gleichgewicht zwischen Vermögenswerten auf der linken Seite und den Verbindlichkeiten auf der rechten Seite herzustellen. Das Gleichgewicht wird entweder durch den Gewinn hergestellt, wenn die Vermögenswerte größer sind als die Verbindlichkeiten, oder durch einen Verlust, wenn die Verbindlichkeiten größer sind als die Vermögenswerte.

## Unterschiedlicher Kapitalfluss bei Vermögenswerten und Verbindlichkeiten

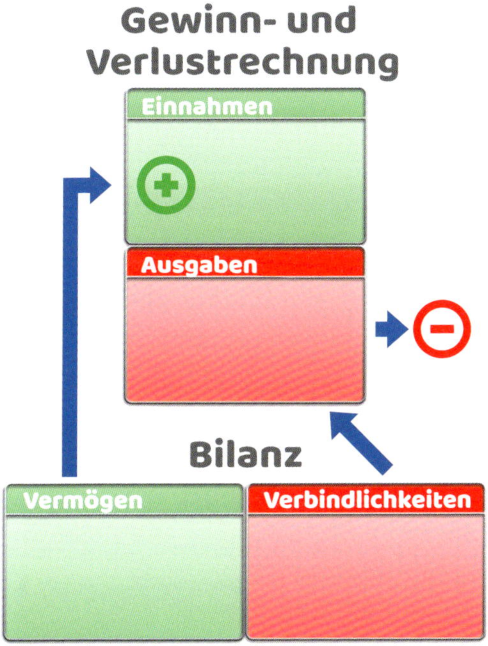


Die blauen Pfeile zeigen in diesen Zeichnungen die Richtung des Kapitalflusses.

Um das Ganze mal mit Inhalt zu füllen, kommt gleich ein Beispiel, wie es bei vielen Menschen ausschaut. Hierbei ist es natürlich unumgänglich, dass diverse Verbindlichkeiten entstehen. Für viele ist ein Auto unumgänglich und auch ein Eigenheim oder Haus ist nichts Verwerfliches. Nur Aufgrund der mangelnden finanziellen Ausbildung denkt man, dass dieses Eigenheim ein Vermögenswert ist und vergisst, dass man dafür auch Geld in nicht unerheblicher Menge ausgibt. Solange man es nicht schafft

Vermögenswerte aufzubauen, sollte man zumindest versuchen, diese Positionen so klein wie möglich zu halten, um Geld für den Aufbau von Vermögenswerten übrigzuhaben. Aber schau dir einfach das nächste Bild an, was ich für dich gezeichnet habe.

### Ist-Kapitalfluss in vielen Haushalten

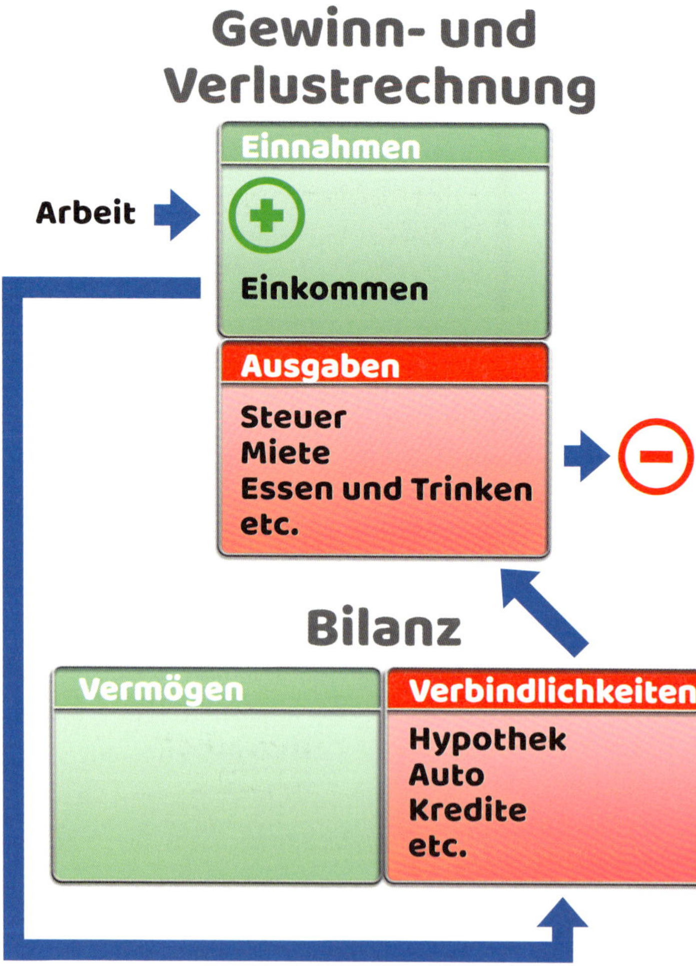

Das nächste Beispiel zeigt, wie es ausschauen sollte, wenn man sich an die Regel eins hält und sein ganzes Leben lang versucht, möglichst viele Vermögenswerte zu kaufen, statt nur Verbindlichkeiten.

### Soll-Kapitalfluss in Haushalten

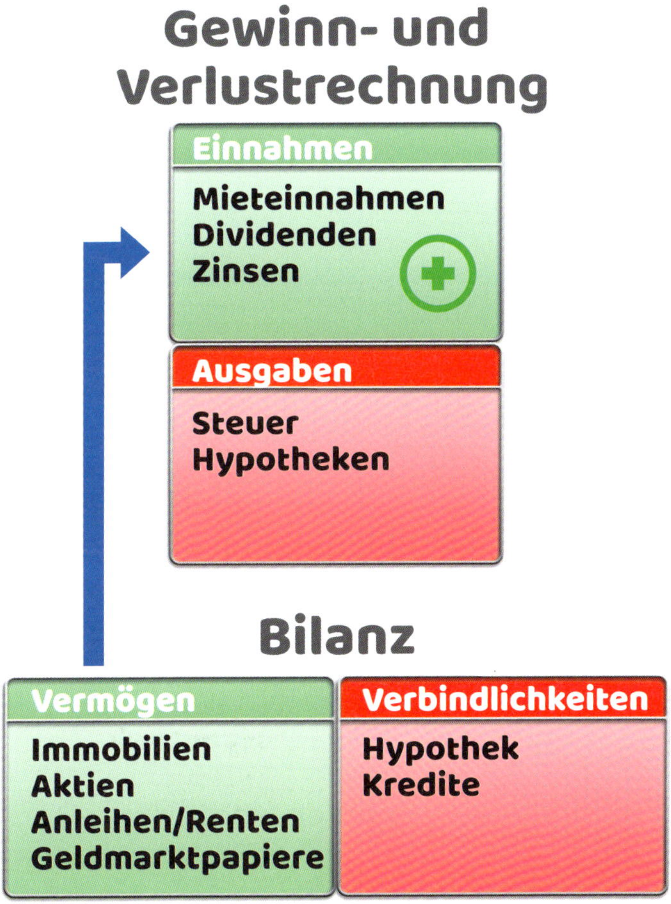

So Max, jetzt hast du das Grundwissen für den richtigen Umgang mit Geld. Du weißt, wie man richtig spart, und nun weißt du auch, wie man richtig investiert. Jetzt musst du nur noch wissen, worin du investieren kannst, um Vermögenswerte zu erwerben.
Bei einer Immobilie handelt es sich um ein unbewegliches Sachgut, also zum Beispiel ein Grundstück oder ein Bauwerk. Bei einem Bauwerk muss es sich nicht zwangsweise gleich um große Häuser handeln, es kann zum Beispiel auch eine Garage sein. Nun hat man mehrere Möglichkeiten, in Immobilien zu investieren. Es gibt zum Beispiel einen spekulativen Ansatz. Das heißt, du kaufst dir ein Grundstück und bist dir sicher, dass dieses Grundstück in Zukunft viel mehr Wert sein wird. Schließlich hoffst du, am Ende das Grundstück mit einem Gewinn zu verkaufen.
Oder du kaufst dir ein Grundstück, eine Wohnung oder ein Haus, um dieses zu vermieten oder im Fall des Grundstückes zu verpachten. Hierfür bekommst du Miet- bzw. Pachteinnahmen. Wichtig ist, dass du vor dem Kauf der Immobilie mit der Bank sprichst, um die Zinsen und die Tilgung auszuhandeln. Was Zinsen sind, weißt du ja schon. Bei der Tilgung handelt es sich um die Rückzahlung des Kredites. Sie wird auch als prozentualer Wert angegeben. In der Regel handelt es sich beim aufgenommenen Kredit um ein Annuitätendarlehen bei selbstgenutzten Immobilien. Hier hast du über die gesamte Laufzeit immer die gleiche monatliche Rate. Das heißt aber auch, dass im Verhältnis mit der Laufzeit die Zinszahlungen geringer und entsprechend die Tilgungsanteile immer größer werden. Aber es gibt natürlich auch noch andere Formen wie das endfällige Darlehen, welches häufig bei vermieteten Objekten, meist aus

steuerlichen Gesichtspunkten, gewählt wird. Eine Vertiefung an dieser Stelle würde aber deutlich zuweit führen. Wenn es mal so weit ist, musst du dich am besten über die aktuellen Möglichkeiten beraten lassen.
Wenn du diese Fragen geklärt hast, solltest du mit deinem Steuerberater sprechen. Er kann dir ziemlich genau ausrechnen, wie die steuerliche Seite aussieht.
Als Drittes ist es wichtig, einen Teil der Mieteinnahmen für Instandhaltungsrücklagen zurückzulegen. Es kann immer mal passieren, dass man zum Beispiel Reparaturen hat oder Wände gestrichen werden müssen. Gerade wenn teurere Maßnahmen nötig sind, wie die Renovierung eines Badezimmers oder der Austausch der Heizungsanlage, ist es wichtig, genügend Reserven zu haben, damit man keine neuen Kredite aufnehmen muss. Um hier die richtige Größe zu finden, ist es wichtig, sich die Immobilie vorher genau anzuschauen. Die Rücklagen können auch zum Beispiel dafür verwendet werden, Mietausfälle zu kompensieren. Du siehst mal wieder, dass das Thema Rücklagen in allen Lebenssituationen wichtig ist, egal, ob sie für dich selbst sind oder zur Absicherung deiner Immobilie.
Wenn nach Kapitaldienst, Steuern und Rücklagen noch ein wenig Geld übrigbleibt, dann hast du eine tolle Immobilie gefunden und alles richtiggemacht“, sagte der Vater.

## 6.12 Wertpapiere

„Ein Wertpapier ist eine Urkunde, die Vermögenswerte bzw. Vermögensrechte verbrieft. Wertpapiere können unterschieden werden nach der Art des verbrieften Rechts, der Art der

Übertragung und der Art des verbrieften Vermögenswertes. Das verbriefte Recht kann wiederum unterteilt werden in Forderungsrechte, Sachenrechte und Mitgliedsrechte. Die Art der Übertragung unterteilt sich in Inhaberpapiere, Orderpapiere und Rektapapiere und, um das Kauderwelsch perfekt zu machen, unterteilen sich Wertpapiere nach Art des Vermögenswertes in Geldwertpapiere, Kapitalwertpapiere und Warenwertpapiere.
Ich denke, das ist einfach und du dürftest das auf Anhieb verstehen, oder?“, fragte der Vater mit ernster Stimme.
„Öhm, na ja, wenn du es sagst, ich habe echt keine Ahnung und verstehe nur Bahnhof“, erwiderte Max mit einem leicht roten Kopf.

„Hehe, schmunzelte der Vater, ich wollte dich nur ein wenig hochnehmen, da du den ganzen Abend schon so ernst bei der Sache bist und du darfst bei alldem nicht vergessen, dass du noch ein Kind bist. Ich habe das für dich mal in einem Schaubild zusammengefasst und auf die Wertpapiere reduziert, die wir behandeln wollen.

*Papa Fuchs*

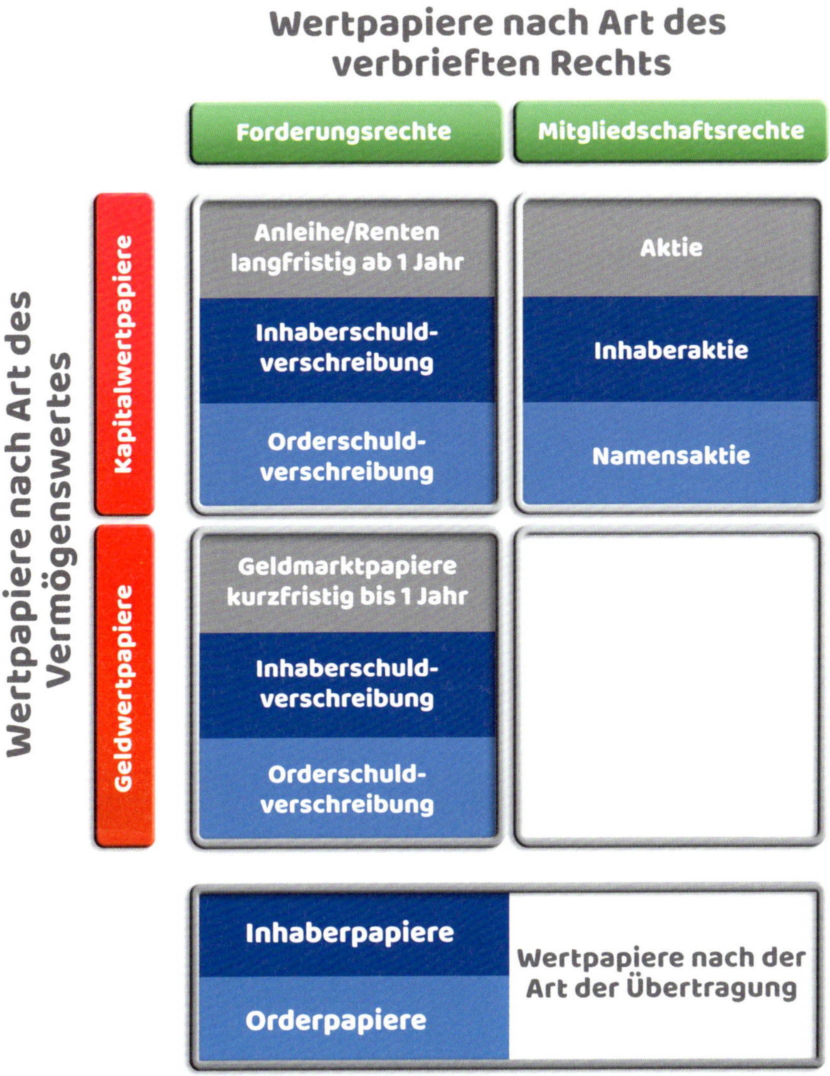


Als Nächstes werde ich dir zu den drei aufgeführten Wertpapieren ein wenig mehr erzählen. Wobei ich auch hier wieder den Inhalt auf das Grundlegende reduzieren werde“, sagte der Vater.

## 6.13 Geldmarktpapiere

„Hierbei handelt es sich meistens um festverzinsliche Wertpapiere, die entweder von Unternehmen oder dem Staat herausgegeben werden, um kurzfristig (meistens bis zu einem Jahr) an liquide Mittel zu kommen. Je nachdem, ob der Herausgeber über eine gute Bewertung, auch Rating genannt, verfügt, sind die Zinsen niedrig bei vertrauenswürdigen Herausgebern, und je schlechter es aussieht, desto höher sind die zu erwartenden Zinsen. Auch der Fakt, dass es sich um kurzfristige Papiere handelt, lassen die Zinsen eher gering ausfallen. Da das Risiko in so kurzer Zeit recht überschaubar ist. Prinzipiell gibt es zwei Varianten, die sogenannten Abzinsungspapiere, hier kauft der Käufer die Papiere zum Preis des Nennwertes abzüglich des Zinsertrages, auch Discount genannt. Erst am Ende der Laufzeit erhält der Käufer den vollen Nennwert zurück. Als zweites gibt es dann noch die zinstragenden Papiere, diese werden zum Nennwert erworben und versprechen eine oder mehrere Zinszahlungen im Laufe der Laufzeit. Nur bei den sogenannten Floatern handelt es sich um variabel verzinsliche Papiere, hier werden die Zinssätze oft an Referenzzinssätze wie den Libor gebunden. Bei einem Referenzzinssatz handelt es sich im Bankwesen um einen institutsübergreifenden Zinssatz, der von einer neutralen Stelle täglich ermittelt wird und auch im Nichtbankensektor als Orientierung anerkannt wird.

## 6.14 Anleihen / Renten

Als Erstes sollte an dieser Stelle gesagt werden, dass ein Rentenpapier nichts mit der staatlichen Rente zu tun hat. Hierbei handelt es sich vielmehr, wie bei den Geldmarktpapieren, um zinstragende Wertpapiere, die von Unternehmen oder Staaten herausgegeben werden.

Nur ist die Laufzeit eine höhere als bei den klassischen Geldmarktpapieren. Anleihen verbriefen in ihrer Urkunde einen Rückzahlungsanspruch und Zinszahlungen in bestimmter Höhe für die Überlassung des Kapitals. Anders als bei Aktien wird der Käufer von Geldmarktpapieren oder Anleihen kein Miteigentümer des Herausgebers, sondern ein Gläubiger, sie haben also eine Geldforderung gegenüber dem Herausgeber. Im Konkursfall des herausgebenden Unternehmens besteht für den Gläubiger eine vorrangige Rückzahlung im Gegensatz zu den Aktionären. Der Zinsanspruch einer Anleihe wird auch als Coupon bezeichnet. Wie die Geldmarktpapiere gehören die Anleihen auch zu den Geldwerten. Das heißt sie werden von der Inflation beeinflusst. Das kann man sehr leicht nachvollziehen. Nehmen wir einmal an, du kaufst dir eine Anleihe für 100,– Euro und bekommst am Ende der Laufzeit von einem Jahr 2 % Zinsen, also 102,– Euro, ausgezahlt. Nehmen wir nun an, die Inflation im gleichen Zeitraum wäre bei 2 %, dann könnten wir uns für die 102,– Euro genauso viele Waren und Dienstleistungen kaufen, wie vor dem Jahr. Also hätte man effektiv nichts gewonnen“, sagte der Vater.

## 6.15 Aktien

„Die Aktie ist ein Wertpapier, dessen Urkunde den Anteil an einem Unternehmen verbrieft. Das betroffene Unternehmen kann hierbei eine Aktiengesellschaft, Kommanditgesellschaft auf Aktien oder Europäische Gesellschaft sein. Alle diese Rechtsformen sind Kapitalgesellschaften.

Das Unternehmen wird meistens aus dem Wunsch heraus eine Aktiengesellschaft, um mit diesem Schritt Geld für weitere Investitionen zu generieren. Stell dir mal vor, Max, dass ein Unternehmen einen Firmenwert, auch als Grundkapital bezeichnet, von

5.000.000,– Euro hat. Nun könnte das Unternehmen 100.000 Aktien zu einem Nennwert von 50,– Euro herausgeben. Der Nennwert wird dann auch auf der Aktie aufgedruckt. Das ist wichtig, da es theoretisch auch Aktien mit unterschiedlichen Nennwerten geben kann. Wichtig ist, dass alle Nennwerte multipliziert mit der jeweiligen Anzahl der Aktien genau dem Grundkapital zur Gründung entsprechen. Wenn ein Unternehmen in eine Aktiengesellschaft umgewandelt wurde, oder direkt als solche gegründet wurde, und Aktien herausbringt, dann wird dieser Schritt als Emission bezeichnet. Jetzt kann das Unternehmen zum Beispiel versuchen, 30 % der Aktien auf dem Aktienmarkt zu verkaufen, das würde bedeuten, dass das Unternehmen dadurch 30.000 Aktien zu 50,– Euro gleich 1.500.000,– Euro frisches Eigenkapital einsammeln könnte. Der Firmenwert eines Unternehmens bleibt aber nicht immer gleich. Laufen die Geschäfte gut, dann steigt der Wert und natürlich kann es auch in die andere Richtung laufen. Aber die Anzahl der Aktien mit ihrem Nennwert bleiben gleich. Denn zusätzlich zum Nennwert gibt es immer auch einen Börsenwert der Aktie. Dieser wird errechnet aus der Anzahl der Aktien mal dem Börsenkurs. Mit der Ausgabe der ersten Aktien liegt der Börsenkurs beim Nennwert der Aktien, danach entwickelt sich der Börsenkurs entsprechend dem Marktgeschehen weiter. Die Käufer einer Aktie, auch Aktionäre genannt, kaufen also nicht zum Nennwert, sondern zum Börsenkurs der Aktie.

Wir haben also gelernt, dass sich der Börsenkurs unabhängig vom ursprünglichen Nennwert entwickelt. Solange es keine neuen Aktien durch eine Kapitalerhöhung gibt, bleibt der Firmenanteil, den eine Aktie verbrieft, aber immer gleich. Bei unserem Beispiel würde dem Besitzer einer Aktie genau 0,001 % des Unternehmens gehören.

Durch Kapitalerhöhungen können frische Aktien auf den Markt gebracht werden, dann würde sich der Anteil einer Aktie entsprechend ändern.
Aktien werden gekauft, weil sich der Käufer erhofft, dass das Unternehmen gut wirtschaftet und im Wert steigen wird. Wenn er dann später verkauft, dann kann er den Kursgewinn minus Steuern für sich einstreichen.
Es gibt aber noch eine zweite Möglichkeit, dass man Geld durch den Besitz von Aktien bekommt. Da man ja als Aktionär am Unternehmen beteiligt ist, anders gesagt Gesellschafter des Unternehmens ist, kann das Unternehmen die Aktionäre an den Unternehmensgewinnen beteiligen. Diese werden als Dividende bezeichnet. Die Höhe der Dividende wird vom Unternehmensvorstand vorgeschlagen und auf der sogenannten Jahreshauptversammlung stimmen alle Aktionäre darüber ab. Die Dividende wird dann pro Aktie geleistet.
Aktien sind wie Immobilien sogenannte Sachwerte. Die haben den großen Vorteil, dass sie durch die Inflation nicht an Wert verlieren. Immobilien werden zum Beispiel aufgrund der vorhandenen Inflation nicht beschädigt oder so. Es ist vielmehr genau andersherum. Im Rahmen der Inflationshöhe steigt der Wert einer Immobilie. Was man bei den zuvor besprochenen Geldwerten als Inflation bezeichnet, wird bei Sachwerten tatsächlich als Wertsteigerung bezeichnet.
Max, das ist eine der wichtigsten Lehren aus meinen bisherigen Ausführungen, also passe bitte genau auf. Die Inflation vernichtet dein Geld, aber wenn du in Sachwerte investierst, dann wird die gleiche Kraft dafür sorgen, dass deine Sachwerte mindestens im gleichen Maße steigen.
Kurz ausgedrückt: Hast du Sachwerte, dann ist die Inflation dein bester Freund!

Aber an dieser Stelle möchte ich dich auch warnen, denn das Investieren in Aktien birgt auch große Gefahren. Denn wenn die Wirtschaft lahmt oder das Unternehmen einfach die falschen Entscheidungen trifft, oder der stärkste Konkurrent alles besser macht, dann kann eine Aktie auch gnadenlos fallen und dann ist es aus mit dem Glück. Es gibt aber Möglichkeiten dieses Risiko zu minimieren, das bringt mich zu einem weiteren wichtigen Aspekt, den ich dir gleich mit auf den Weg gebe.

Wie du siehst, gibt es diverse Möglichkeiten dein Geld anzulegen. Wenn man nun eine Entscheidung treffen möchte, in welches Produkt man investieren möchte, gibt es immer drei individuelle Faktoren zu berücksichtigen. Diese sind Sicherheit (Risikobereitschaft), Liquidität (wie schnell kann man die Anlage wieder zu Geld machen) und Rendite (wie viel erwirtschafte ich mit der Anlage in einer bestimmten Periode). Hierbei handelt es sich aber nicht um drei unabhängige Faktoren, sondern sie stehen in einem direkten Zusammenhang. Neuerdings wird sogar ein vierter Faktor immer wichtiger, die sogenannte Nachhaltigkeit. Hier werden soziale beziehungsweise ökologische Gedanken mit aufgegriffen. Aber diesen Punkt lasse ich an dieser Stelle außen vor, da die drei vorher genannten Punkte völlig ausreichen, um das Prinzip zu verdeutlichen.
Das Problem ist, dass man nicht alle drei Punkte gleichzeitig erreichen kann und dieses entstehende Spannungsfeld wird als magisches Dreieck bezeichnet.
Bevor es gleich damit weitergeht, brauche ich aber eine kleine Pause. Was hältst du davon, ein paar Toffifees aus der Küche zu holen? Ich schenke uns derweil eine leckere Tasse Tee ein, den deine Mutter für uns zubereitet hat“, sagte der Vater.

„Das ist eine tolle Idee, das duftet schon die ganze Zeit so lecker, aber ich wollte dich nicht unterbrechen und ein wenig Nervennahrung kann ja auch nicht schaden", mit diesen Worten flitzte Max in die Küche und holte die Naschereien.
Sie genossen den Tee, öffneten die Fenster, um frische Luft ins Zimmer zu bekommen und unterhielten sich über dies und das, einfach um den Kopf wieder frei zu bekommen und Platz für Neues zu schaffen. Nach einer halben Stunde ging es dann weiter.

## 6.16 Magisches Dreieck

„Wenn du dir ein Investment anschaust, dann gibt es drei wichtige Auswahlkriterien. Das erste ist die Sicherheit. Das heißt ganz einfach, dass jeder Mensch in der Regel schaut, dass die Anlage möglichst sicher ist und man keine Verluste erleidet, im schlimmsten Fall sogar alles verlieren kann.
Ein zweiter wichtiger Aspekt ist die Liquidität. Dieses Kriterium betrachtet die Zeit bzw. Geschwindigkeit, mit der ein Investment wieder zu Geld gemacht werden kann. Legst du zum Beispiel dein Geld auf ein Festgeldkonto für zwei Jahre fest an, dann kommst du nicht, oder nur mit nicht unerheblichen Kosten verbunden an dein Geld heran. Ähnlich wäre es bei einer Immobilie, hier muss erst ein Käufer gefunden und die ganzen Verträge geschlossen werden. So ein Prozess kann schnell mehrere Monate dauern.
Das dritte Kriterium ist die Rendite. Die soll natürlich möglichst hoch sein, damit sich das Investment auch lohnt.
Aber, wie vorhin schon angedeutet, ist es quasi unmöglich alle drei Kriterien in voller Höhe zu erfüllen. Das magische Dreieck verdeutlicht diese Situation sehr gut.

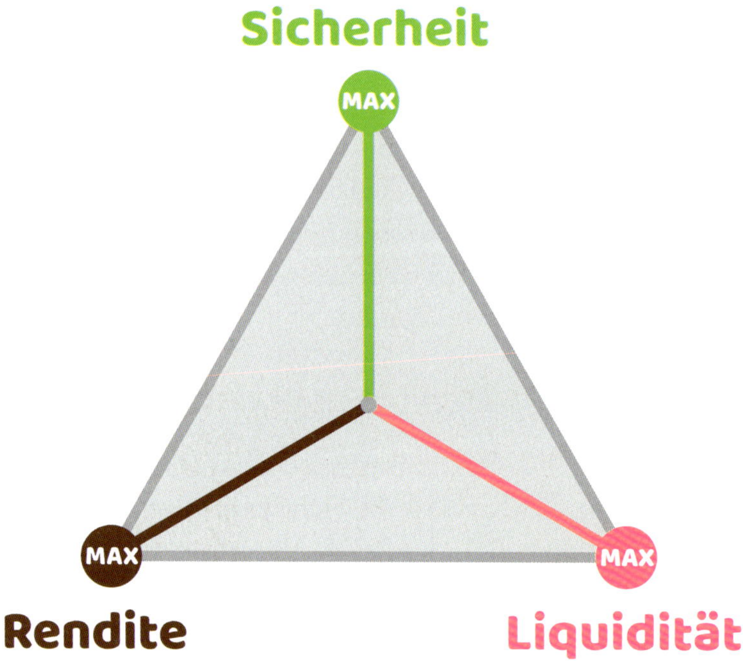


Es ist immer nur möglich, zwei der drei Kriterien in Gänze zu erfüllen, das dann aber unter dem Verlust des Dritten. Um sich dieses Spannungsverhältnis besser vorstellen zu können, schaut man sich am besten mal einige Geldanlagen an. Ich würde hier das Girokonto, das Sparbuch und Aktien vorschlagen. Wenn man diese drei Varianten anhand der drei Kriterien hin untersucht, kommt man auf das folgende Ergebnis.

## Klassifizierung einzelner Geldanlagen anhand der drei Faktoren

| | Sicherheit | Liquidität | Rendite |
|---|---|---|---|
| Girokonto | hoch | hoch | null |
| Sparbuch | hoch | leicht geringer | leicht höher |
| Aktie | gering | hoch | hoch |

Zwei der Anlageformen gehen wir kurz durch. Nehmen wir ein einfaches Girokonto. Aufgrund des Einlagensicherungsfonds ist das Bankguthaben bis zu 100.000,– Euro durch den Bundesverband deutscher Banken gesichert. Also Daumen hoch bei der Sicherheit. Mit der dazugehörigen EC-Karte kannst du jederzeit am Geldautomaten Bargeld bis zu einer bestimmten Höhe direkt abheben. Bei größeren Summen musst du den Betrag bei der Bank anmelden, das dauert aber auch nur wenige Tage. Somit auch hier Daumen hoch. Jetzt kommt aber ein Problem, denn es

gibt quasi keine Zinsen auf das Guthaben, also hier müssen wir den Daumen senken.
Nun schauen wir uns noch Aktien an. Hier geht es gleich bei der Sicherheit los. Ich habe dir ja schon vorhin gesagt, dass du bei einer Anlage in eine Aktiengesellschaft ein hohes Risiko hast und wenn alles so richtig schlecht läuft, könnte das Unternehmen sogar Pleite machen und all dein investiertes Geld wäre verloren. Also leider Daumen runter für das Investieren in einen Aktienwert bei der Sicherheit. Aktien kann man jeden Tag zum aktuellen Börsenkurs verkaufen, das geht sehr schnell und daher Daumen hoch bei der Liquidität. Im Schnitt der letzten Jahre haben Aktien in ihrer Gesamtheit Renditen von 8 bis 12 % erwirtschaftet, also definitiv Daumen hoch.
Nun kommen wir zu dem Thema Fondsparplan. Dieser bietet die Möglichkeit, das Spannungsfeld des magischen Dreiecks ein wenig zu durchbrechen, da er mehr Sicherheit bei akzeptablen Renditen und gleichbleibender schneller Liquidität bietet“, leitete der Vater zum letzten Teil über.

## 6.17 Investmentfonds

„Wenn man sich das Wort mal genauer anschaut, dann besteht es aus zwei Teilen, Investment und Fonds. Das Wort Investment wird aus dem Englischen mit Geld- bzw. Kapitalanlage übersetzt und das Wort Fonds bedeutet, das eine bestimmte Geldmenge für einen bestimmten Zweck vorgesehen ist. Somit handelt es sich quasi um ein Sammelbecken und das Geld, welches in dieses Sammelbecken investiert wird, soll den Zweck erfüllen, Gewinne zu erwirtschaften.

Wie du sieht, ist das eine sehr allgemeine Definition, aber genau so ist das gewollt, denn diese Sammelbecken können total unterschiedlich strukturiert sein.
Entstanden ist die Idee der Investmentfonds in der Mitte der 19. Jahrhunderts. Hier gab es, durch den wirtschaftlichen Aufschwung nach dem Krieg, viele Firmen, die Geld investieren wollten und auf der anderen Seite gab es immer mehr Menschen, die Geld hatten, um es möglichst gewinnbringend zu investieren. Hierbei waren Aktien natürlich verlockend, aber, wie schon beschrieben, bestand hier auch ein erhebliches Risiko. Um sich aber Aktien mehrerer Unternehmen zu kaufen, um durch die Streuung das Risiko zu minimieren, reichte das Geld dann doch nicht immer. Hierzu waren nur Großanleger und Profis im Stande.
Das Ganze resultierte in der Idee, das Geld mehrerer Anleger in einen Topf zu geben. Dieser Topf wird als Sondervermögen bezeichnet und wurde von einem professionellen Verwalter geführt, der das Geld nutzte, um es in diverse Unternehmen zu investieren, und dadurch wurde die eigentliche Idee des Investmentfonds geboren. Nun konnte sich ein Anleger es leisten, auch mit kleineren Beträgen an vielen Firmen beteiligt zu sein und durch diese breite Streuung, auch Diversifizierung genannt, sein Risiko zu minimieren.
Mit dem Kauf von Investmentfondsanteilen wird der Käufer automatisch Anteilseigner des Sondervermögens und hat daraus resultierend das Recht auf eine Gewinnbeteiligung. Der Wert eines Fondanteils wird ähnlich wie bei einer Aktie durch einen Börsenwert bestimmt. Aber beim Kauf eines Fondanteils fallen auch Kosten an. Hier gibt es zum einen den sogenannten Ausgabeaufschlag. Dieser liegt oft zwischen 3 und 5 %, je nach Fonds,

Risikoklasse etc. Zum anderen gibt es die sogenannten Verwaltungskosten der Investmentgesellschaft, auch gibt es oft noch eine erfolgsabhängige Vergütung für die Investmentgesellschaft und die Kosten für die ausführende Depotbank sind hier natürlich auch enthalten.

Das Sondervermögen ist streng getrennt vom Vermögen der Kapitalverwaltungsgesellschaft, auch Investmentgesellschaft genannt. Dadurch ist es für die Anleger sicher, auch wenn die Kapitalverwaltungsgesellschaft insolvent gehen würde. Für die Kapitalverwaltungsgesellschaft arbeiten Fondsmanager, meistens ein Team von Spezialisten. Diese kümmern sich darum, dass das Sondervermögen entsprechend der Fondsstrategie möglichst gewinnbringend angelegt wird. Die Transaktionen werden über eine Depotbank ausgeführt.
Das Sondervermögen steigt, indem durch Anleger neues Geld in den Topf eingezahlt wird, entsprechend fällt es, wenn der Anleger aus einem Fonds aussteigt.

Es gibt noch weitere Möglichkeiten, die das Sondervermögen beeinflussen. Wenn die enthaltenen Aktien zum Beispiel Dividenden ausschütten oder bei Anleihen Zinszahlungen anfallen, erhöht sich das Sondervermögen auch. Nun kommt es darauf an, ob der Fonds thesaurierend ist oder ausschüttend. Wenn er thesauriert, dann bleibt das zugeflossene Kapital im Fonds und wird entsprechend angelegt, dadurch steigt der Anteilwert eines Fonds. Oder der Fonds schüttet das zugeflossene Kapital an seine Anteilseigner aus.
Es gibt offene und geschlossene Investmentfonds. Am besten wir fangen mit den offenen Investmentfonds an:

### 1. Aktienfonds

Ein Aktienfonds besteht, wie der Name schon sagt, ausschließlich oder zumindest zum größten Teil aus Aktien. Aber auch die Aktienfonds kann man wieder kategorisieren. Sie können sich geografisch unterscheiden, also zum Beispiel weltweit in Unternehmen investieren, oder sich auf ein Land wie zum Beispiel Deutschland konzentrieren. Neben der Geografie können aber auch branchenspezifische Unterscheidungen getroffen werden. Hier könnte man als Beispiel anführen, dass ein Fonds zum Beispiel nur in Pharmaunternehmen, Automobilhersteller, Biotechnik, Versorgungsunternehmen oder Rohstoffe investiert, um nur einige zu nennen. Prinzipiell gibt es kaum etwas, was es nicht gibt, so gibt es auch Fonds, die nach bestimmten ethischen Kriterien investieren und so weiter.

### 2. Anleihen-/Rentenfonds

Wobei es sich bei Anleihen handelt, haben wir ja gerade erst besprochen. Hier wird der Großteil des Fondvermögens oder auch alles in diese Art von Wertpapieren investiert.

### 3. Geldmarktfonds

Hierzu brauche ich nichts weiter ausführen. Hier gilt das Gleiche wie bei den Rentenfonds.

### 4. Offene Immobilienfonds

Hier wird es schon wieder ein wenig interessanter. Wir hatten ja erst vorhin über das Investieren in Immobilien gesprochen. Hatten hier aber festgestellt, dass man einiges an Kapital haben muss, um sich eine Immobilie zu kaufen. Über den offenen Immobilienfond hast du aber die Möglichkeit, mit kleinen Geldbeträgen

Anteile an vielen Immobilien zu erwerben. Hier gibt es einen juristischen Unterschied zu den anderen offenen Investmentfonds. Denn hier wird die Investmentgesellschaft als Eigentümer der Immobilie eingetragen und somit ist sie auch formal gesehen Eigentümer des Fondvermögens.

### 5. Mischfonds

Damit alles noch weiter unterteilt werden kann, gibt es noch die Mischfonds, diese investieren in unterschiedliche Anlageklassen, das sind sehr oft Aktien und Anleihen. Dadurch kommt es natürlich zu einer noch größeren Diversifizierung.

### 6. Dachfonds

Um dem Ganzen noch einen obendrauf zu geben, gibt es schließlich noch die sogenannten Dachfonds. Diese investieren einfach in verschiedene Fonds. Dadurch wird ein maximaler Grad der Diversifizierung erreicht.

### 7. ETFs (Exchange-Traded Funds)

Hierbei handelt es sich um einen meist passiv verwalteten Fonds, charakteristisch ist, dass die Fondsmanager hier keiner eigenen Strategie folgen, sondern dass ein Vergleichs-Index wie zum Beispiel der DAX abgebildet wird. Im Gegensatz zu den anderen Fonds werden die ETFs nicht über eine Investmentgesellschaft gekauft, sondern direkt an der Börse. Aufgrund der Tatsache, dass diese Fonds in der Regel passiv verwaltet werden, entstehen geringere Verwaltungskosten. Ein weiterer Kostenvorteil entsteht dadurch, dass die ETFs nicht über eine Investmentgesellschaft gekauft werden und somit fast immer der Ausgabeaufschlag entfällt.

So jetzt kommen wir noch zu den geschlossenen Investmentfonds:
Wärend man bei den offenen Investmentfonds zu jeder Zeit ein- und aussteigen kann, gibt es bei den geschlossenen Investmentfonds einen bestimmten Zeitraum, den sogenannten Platzierungszeitraum, in dem man in einen solchen Fonds investieren kann. Danach wird er geschlossen.
Geschlossene Investmentfonds werden oft durch dahintersteckende Investitionsobjekte unterschieden. Es gibt hier Immobilienfonds, Schiffsfonds, Flugzeugfonds, Medienfonds, Infrastrukturfonds und auch der Bereich des Beteiligungskapitalfonds, auch als Wagniskapital oder auch als Private Equity bezeichnet. Das sind bei weitem noch nicht alle Varianten, aber an der Stelle soll es reichen.
Diese Fonds werden häufig als GmbH & Co. KG konzipiert und der Anleger erwirbt Kommanditanteile und ist oft langfristig an die Investition gebunden. Die Laufzeit hängt oft mit der wirtschaftlichen Nutzungsdauer des Investitionsobjektes im direkten Zusammenhang. Es gibt hier keinen Börsenhandel oder eine tägliche Wertermittlung, auch kann die Investition nicht mehr an den Initiator zurückgegeben werden. Das ist konstruktionsbedingt ausgeschlossen. Wenn dann zum Beispiel ein Containerschiff mit dem Geld der Anleger und anderen Fremdkapitalgebern gebaut wurde, dann wird versucht in den Jahren des Betriebes einen jährlichen operativen Gewinn zu erwirtschaften. Dieser sollte natürlich am Ende größer sein als die Investitionssumme.

Diese lange Bindung an die Anlage und das große damit verbundene Risiko, haben dazu geführt, dass ein generelles Verbot für

den aktiven Vertrieb von geschlossenen Investitionsfonds an Privatanleger gefordert wird. Für Deutschland gibt es aber bis heute ein solches Verbot noch nicht.
Lass hier also am besten die Finger davon. Ich habe dir nur darüber berichtet, damit du weißt, dass es so etwas gibt. Hier hat es auch schon diverse Betrugsfälle gegeben, die die Anleger um ihr schönes Geld gebracht haben.
So, jetzt habe ich dir sehr viel über Fonds erzählt. Es gibt hier aber neben der Einmalanlage in Fonds noch eine besondere Art, wie man Fonds erwerben kann. Und wie immer kommt das Beste zum Schluss, da ich denke, dass das genau das ist, wonach du suchst, um dein gespartes Geld anzulegen.

## 6.18 Fondssparplan

Es handelt sich um den sogenannten Fondssparplan. Hier hast du die Möglichkeit, mit einem geringen Sparbeitrag ab 25,– Euro monatlich in einen Fonds zu investieren. Und weißt du, was das Beste daran ist, du bist in der Regel nicht vertraglich gebunden. Es gibt auch Varianten, bei denen man einen bestimmten Monatsbeitrag für eine bestimmte Anzahl an Jahren einzahlen muss. Aber das empfehle ich dir vor allem am Anfang nicht. Zwar hat man bei so einer Festlegung oft einige Kostenvorteile, die einem dadurch gewährt werden, aber gerade am Anfang ist die Freiheit unbezahlbar.
Bevor ich dir nun erkläre, dass du über einen Fondssparplan und den sogenannten Cost-Average-Effekt das Rätsel um das magische Dreieck quasi lösen kannst, habe ich für dich noch eine Zeichnung vorbereitet. Sie zeigt, wie du durch Einmalanlage oder eben durch den genannten Sparplan in Fonds investieren kannst.

Das Schaubild fasst auch das eben Gesagte nochmal anschaulich zusammen“, sagte der Vater.

*Papa Fuchs*

## Investment

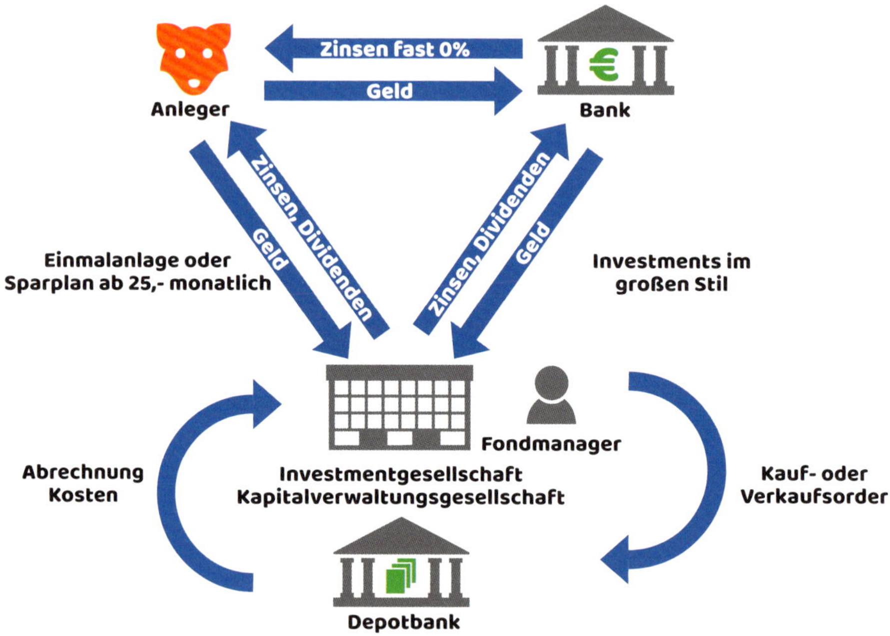


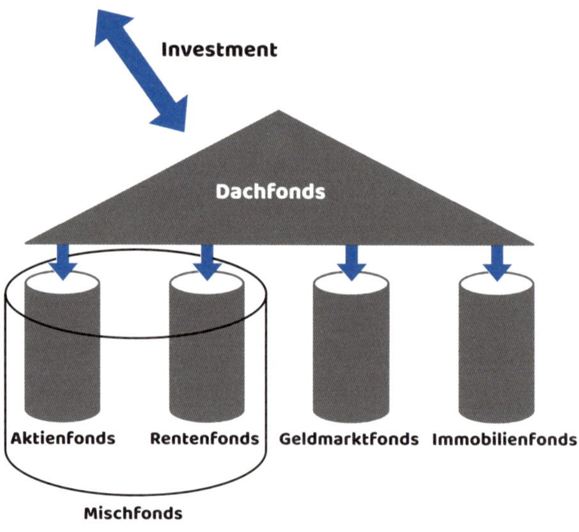


**Kategorisierung nach:**

**Geographischer Lage**
1. Weltweit
2. Kontinent = Asien, Europa, ...
3. Länder = Deutschland, Russland, ...

**Branchen**
1. Banken
2. Versorgungsunternehmen
3. Chemie
4. Pharmakonzerne
5. Automobilindustrie

## 6.19 Cost-Average-Effekt

„Um das Ganze nochmal zusammenzufassen, würde ich dir empfehlen, mit deinem gesparten Geld in einem Aktienfonds-Sparplan zu investieren. Wenn wir hierauf die drei Faktoren des magischen Dreiecks anwenden, dann haben wir als Ausgangspunkt die Aktien. Hier hatten wir ja vorhin herausgearbeitet, dass die Rendite und die Liquidität hoch sind, aber die Sicherheit durch das hohe Risiko einer Einzelaktie nicht gegeben ist. Wenn ich dir nun zeige, dass du durch einen Fondssparplan die Sicherheit immer weiter erhöhst, dann dürfte das doch für dich interessant sein, oder?“, fragte der Vater.
„Klaro“, erwiderte Max.
„Nun als Erstes wird die Sicherheit durch die Tatsache deutlich erhöht, indem du ja in einen Aktienfonds investierst und nicht in einen einzelnen Aktienwert. Durch die Streuung innerhalb der Fonds verteilst du das Risiko entsprechend.

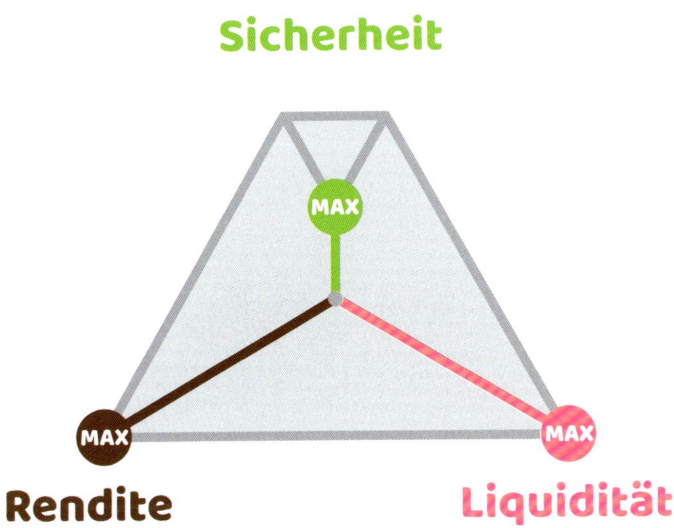

Zweitens sparst du ja das Geld langfristig und du wirst es auch langfristig anlegen. Wenn wir uns mal die Historie der Börse anschauen, hat der DAX im Schnitt der letzten 50 Jahre etwas über 8 % jährliche Rendite erwirtschaftet. Da du ja noch jung bist, hast du einen sehr langen Anlagezeitraum, dadurch sinkt das Risiko erneut deutlich.

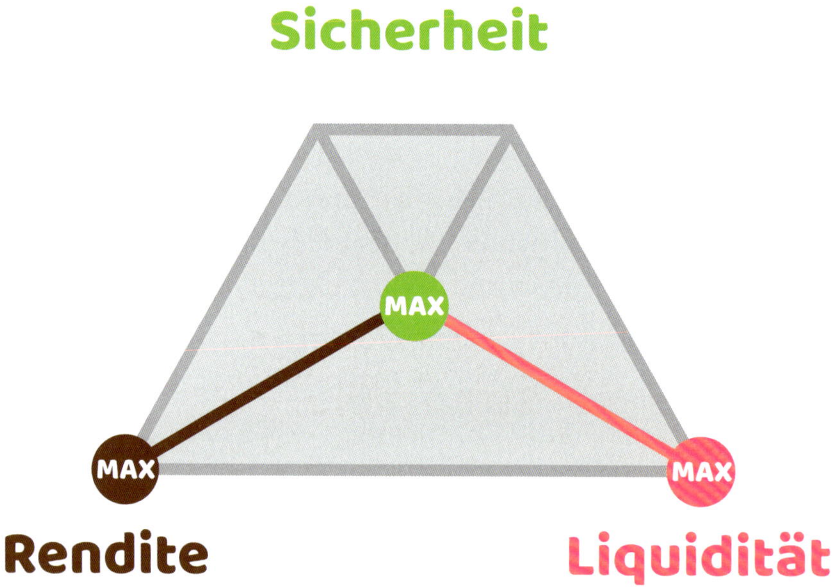


Der dritte und letzte Punkt entsteht durch die Anlagevariante eines Sparplans. Denn hier kommt der Durchschnittskosteneffekt, auch Cost-Average-Effekt genannt, zum Tragen. Das hört sich kompliziert an, ist aber ganz einfach. Auch hier habe ich dir ein kleines Schaubild vorbereitet.

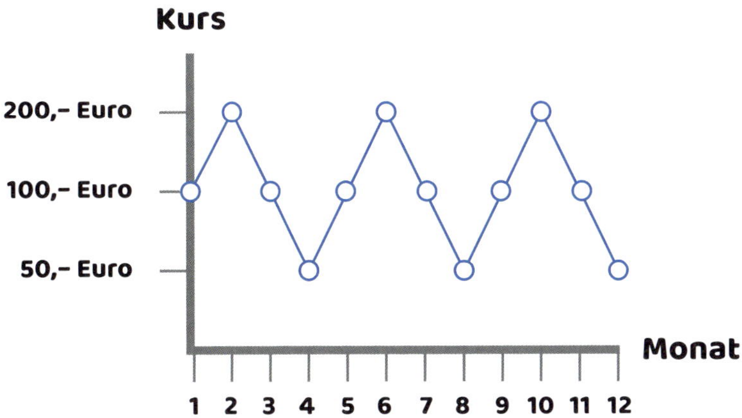


**Fondsanteile bei 100,– Euro mtl. Sparbetrag**

**1 + 0,5 + 1 + 2 + 1 + 0,5 + 1 + 2 + 1 + 0,5 + 1 + 2 = 13,5 Anteile**
**=> 13,5 x 100 = 1.350,– Euro Depotwert**

**Fondsanteile bei 1200,– Euro zum Anfang = 12 Anteile**

Schau mal Max, wenn du einen gleichen monatlichen Sparbetrag in einen Fonds investierst, dann hast du am Ende der Periode in diesem Beispiel eineinhalb Fondsanteile mehr, als wenn du zu Anfang die vollen 1.200,– Euro investiert hättest. Das liegt daran, dass du bei fallenden Kursen entsprechend mehr Anteile für das gleiche Geld bekommst. Wenn dann die Kurse steigen, steigt dieser Überschuss an Anteilen auch mit an und so bekommst du durch den Durchschnittskosteneffekt einen höheren Depotwert. Man könnte also sagen, du freust dich, wenn die Kurse deines Fonds fallen und dann wieder ansteigen.

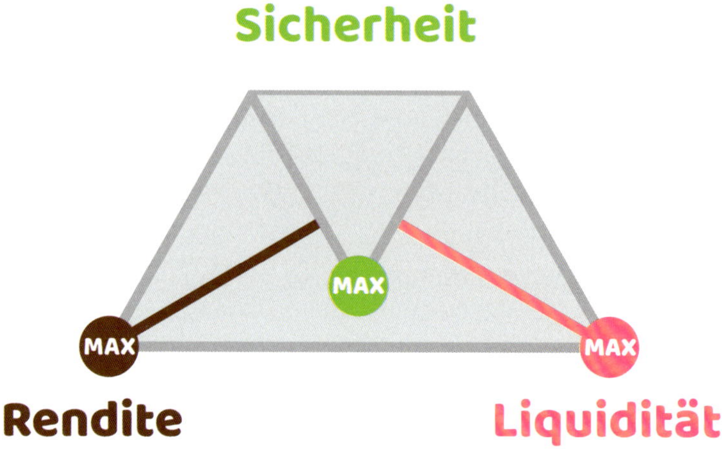


Abschließend fasse ich zusammen. Wenn du einen Fondsparplan benutzt, diesen mit einem langen Zeithorizont besparst, dann bleibt die Liquidität komplett erhalten. Die Renditechance ist zwar ein bisschen geringer geworden, allerdings noch immer hoch. Je nachdem für was für einen Fond du dich entscheidest, sind 4 bis 6 % jährliche Rendite nicht unwahrscheinlich. Also können wir hier auch den Daumen auf hoch setzen. Die Sicherheit ist zwar niemals bei 100 %, aber unter Beachtung der besprochenen Vorgehensweise geht sie deutlich nach oben.
So, jetzt reicht es erst mal, denke daran, dass du morgen Geburtstag hast und du willst doch den Tag genießen, oder?", sagte der Vater.
„Da hast du recht, ich bin schon ganz aufgeregt, hoffentlich kann ich überhaupt schlafen. Ich danke dir Papa, das war klasse, dass du dir die Zeit genommen hast", antwortete Max.
Mit diesen Worten verabschiedete sich Max und bereitete sich für die Nacht vor. Doch die eben gesagten Dinge des Vaters ließen

ihn nicht los und er überlegte sich, wie er am besten vorgehen will und welche Anlageform am besten zu ihm passt.
Als Erstes sagte sich Max, dass er 50 % seines Taschengeldes in sein Sparschwein werfen will, das bedeutet zwar am Anfang einen gewissen Verlust an Lebensqualität, allerdings geht es ihm ja auch ohne Taschengeld nicht schlecht. Von Oma gibt es genug Kekse oder Kuchen und ganz ohne Süßigkeiten muss er ja bei seinen Eltern auch nicht leben. Wichtig ist ihm nur seine Lieblingszeitschrift, die kann er sich aber von den übrigen 50 % locker leisten. In Zukunft würde er dann von jeder Taschengelderhöhung auch 50 % in das Sparschwein geben, so dass sich der Sparbetrag langsam erhöht. So viel zur Theorie, aber wie sieht das in der Praxis aus? Max bekommt 3,– Euro Taschengeld die Woche, das sind bei ca. 4,5 Wochen pro Monat 13,50 Euro im Monat, somit kann er sein Sparschwein mit 6,75 Euro im Monat füttern. Das ist zwar schon ganz ordentlich, dachte sich Max, aber um auf 25,– Euro im Monat für einen Fondsparplan zu kommen, ist es noch ein weiter Weg. In diesem Zusammenhang kam ihm der Haushaltsplan in Erinnerung. Durch seine obige Entscheidung hatte er erfolgreich seine Ausgabenseite gedrosselt, bleibt also nur noch der Weg, seine Einnahmenseite zu steigern, um das Ziel zu erreichen. Er brütete über dieses Thema sehr lange und hatte folgende drei Punkte herausgearbeitet:
1) Die Eltern fragen, ob sie nicht den Betrag verdoppeln würden, den Max spart. Viele Eltern wollen ihre Kinder unterstützen, selbstständiger zu werden und unterstützen diesen Gedanken, wenn sie es finanziell stemmen können. Da mein Vater ja Vermögensberater ist, wird er bestimmt kaum darum herumkommen, hier ja zu sagen.

2) Im Sommer könnte ich für ein kleines Entgelt für meinen Vater am Wochenende den Rasen mähen, das bringt bestimmt nochmal 3 bis 4 Euro die Woche, wenn ich mich regelmäßig dazu verpflichte. Wenn ich nun das halbe Jahr nehme, komme ich bei 3,– Euro auf den gleichen Betrag wie durch meine Drosselung der Ausgabenseite, also 6,75 Euro pro Monat im Schnitt.
3) Sich weniger zu Weihnachten und zum Geburtstag wünschen, also nur die Dinge, die ganz oben auf der Liste sind, um dann den Gabentisch im Gegenzug mit einem Geldumschlag zu bereichern. Hierzu wollte Max seine Eltern und auch seine Großeltern befragen.
Max dachte sich, dass das doch ein guter Plan sei und schlief darüber endlich ein.

# 7 Max hat Geburtstag

Seine Mutter weckte Max diesen Morgen mit einem ganz besonders dicken Schmatzer. Max war noch ein wenig müde, doch als seine Mutter ihm zum Geburtstag gratulierte, wurde er schnell putzmunter, grinste und lief stürmisch ins Bad, um möglichst schnell am Frühstückstisch mit all den Geschenken zu sein, wobei er diesmal mit seinen Eltern ausgemacht hatte, dass er nur ein Geschenk sofort öffnete und den Rest am Abend, wenn auch Oma und Opa zu Besuch da wären.

Als Max es dann an den Frühstückstisch geschafft hatte, sang die ganze Familie „Happy Birthday", das hörte sich zwar wie immer etwas schräg an, aber es kam von Herzen. Max war überwältigt, als er all die Geschenke sah, und war sich insgeheim sicher, dass sein Plan, den er abends zuvor geschmiedet hatte, nicht wirklich schmerzhaft sein würde. Aber diesen Teil des Planes wollte er erst am Abend im Beisein seiner Großeltern besprechen, der ideale Zeitpunkt. Nun kam aber der schwierige Teil, denn er musste sich ein Geschenk rauspicken, um es als einziges sofort zu öffnen. Schließlich nahm er einfach eines, ohne groß darüber nachzudenken, packte es aus und dachte sich: „Volltreffer". Es war das Fußballtrikot seines Lieblingsspielers. Er bedankte sich sofort bei seinen Eltern, denn er wusste, dass es von ihnen kommen musste.

Nachdem die Geburtstagskerzen ausgeblasen waren, ging das Frühstück los und Max nutzte den Zeitpunkt, um seine Pläne umzusetzen. „Papa ich habe da mal eine Frage bezüglich unseres gestrigen Gespräches. Ich habe mir gedacht, dass ich es irgendwie schaffen möchte, einen Fondsparplan zu starten, dafür brauche ich doch 25,– Euro monatlich, stimmt das?", fragte Max.

„Das stimmt genau, da hast du gestern Abend aber gut aufgepasst“, antwortete sein Vater.
„Ich habe mich entschieden, 50 % meines Taschengeldes zu sparen, das bedeutet natürlich fast unendliche Schmerzen. Aber wenn du als alter Finanzexperte meinen Sparbetrag um den gleichen Betrag aufstockst, dann wäre ich schon ein gutes Stück weiter, mein Ziel zu erreichen. Du willst doch, dass es mir später gut geht, oder?“
Man sah an den Augen des Vaters deutlich, dass dieser das Ganze im Kopf kurz überschlug und überlegte. Schließlich huschte ein Lächeln über sein Gesicht und er sagte:
„Max, sag mir bitte erst einmal wie viel das Mama und mich monatlich kosten würde?“
„6,75 Euro“, antwortete Max wie aus der Pistole geschossen.
„Max, ich habe eine bessere Idee, was hältst du davon, wenn wir deinen Sparbetrag um 5,– Euro erhöhen und dann fragen wir heute Abend Oma und Opa, ob die das nicht genau so tun wollen, dann wärst du ein ganzes Stück weiter, oder?“, erwiderte der Vater.
„Juhu, das ist ja klasse“, sprudelte es aus Max hervor, doch dann kam ihm etwas schlagartig in den Sinn.
„Aber was mache ich, wenn Omi und Opi nein sagen?“ fragte Max mit einen etwas entgeisterten Gesicht.
„Das regeln wir schon, hast du dir denn auch schon Gedanken darüber gemacht, wie du das restliche Geld zusammenbekommst?“, fragte der Vater.
„Natürlich, das ist meine nächste Frage“, sagte Max und musste heftig grinsen.
„Wie ich es ja fast jedes Wochenende an deiner Nasenspitze ablesen kann, freust du dich doch nicht wirklich darüber, den Rasen zu mähen. Ich könnte dir gegen, sagen wir mal (jetzt besser etwas höher an-

setzen, dachte sich Max) einen kleinen Beitrag von 4 bis 5 Euro die Woche, dieses Problem abnehmen. Du arbeitest doch sowieso schon viel zu viel, oder?“, pokerte Max.
Jetzt konnte der Vater auch nicht mehr weitermachen, ohne lauthals zu lachen. Er schaute nur noch einmal schnell zur Mutter rüber, um sich die Bestätigung abnicken zu lassen.
„Also Max, jetzt bin ich aber doch ein wenig überrascht, aber nun wird es ernst“, sagte der Vater.
„Wieso ernst?“, sagte Max und war ein wenig verunsichert.
„Um dein Ziel zu erreichen, brauchst du ja eine monatlich gleiche Zahlung, aber der Rasen muss ja nicht jede Woche im Jahr gemäht werden. Also müssen wir einen knallharten Vertrag aufsetzen und der wird dich verpflichten, bist du dazu bereit, so viel Verantwortung zu übernehmen?“, fragte der Vater.
Jetzt musste Max erstmal nachdenken und hatte einen Kloß im Hals. So weit hatte er ja noch gar nicht darüber nachgedacht. Auf der anderen Seite macht ihm das Rasenmähen sogar Spaß, aber bleibt das so, wenn man es machen muss, oje, dachte er sich. Aber ich will es unbedingt schaffen und ohne Fleiß gibt es nun mal keinen Preis.
„Einverstanden, zumindest wenn der Lohn stimmt, wie viel wäre dir das denn Wert?“, fragte Max im Gegenzug.
„8,– Euro monatlich“, sagte der Vater, nachdem er einen kurzen Moment überlegen musste.
„Deal“, sagte Max.
Und das Abkommen wurde durch einen Händedruck und der Mutter als Zeugin geschlossen. Jetzt rechnete Max schnell noch mal nach, 6,75 Euro spare ich selber, 5,– Euro von meinem Vater dazu und 8,– Euro fürs Rasenmähen, das macht 19,75 Euro.

Der Rektor

Pauls Vater

Klasse, damit ist das Ziel ja fast erreicht, jetzt müssen nur noch die Großeltern mitmachen und mir bleibt ja auch noch Plan 3. Gut gelaunt ging er zur Schule und war gespannt, was hier so alles passiert.

Die erste Stunde verlief ganz normal, doch was Max komisch fand war, dass er beim Hereingehen in den Klassenraum aus den Augenwinkeln seiner Meinung nach die Eltern von Paul sehen konnte. Er wunderte sich, was die denn hier machen. Da der Unterricht begann, konnte er der Sache nicht weiter nachgehen.

Der große Knall kam in der zweiten Stunde. Erst dachte sich Max, dass Paul und Erik die Zeit vergessen hatten, denn sie waren noch nicht in der Klasse, als es klingelte. Die Stunde wurde vom Klassenlehrer gehalten und gleich zu Anfang rief er Lisa und Max nach vorn und erklärte der restlichen Klasse, was am Vortag passiert war. Da die meisten Schüler Paul und Erik wegen ihrer Hochnäsigkeit sowieso nicht leiden konnten, klatschten sogar einige, um Lisa und Max zu gratulieren. In diesem Moment trat zuerst der Rektor, gefolgt von Erik, Paul und den jeweiligen Eltern in das Klassenzimmer.

„Liebe Schüler, ihr wisst ja jetzt, weshalb wir alle heute hier sind. Normalerweise wird sowas bei uns auch nicht öffentlich geregelt. Aber ich habe gestern im Vorfeld mit den Eltern von Paul und Erik gesprochen. Sie waren sehr einsichtig und machten sogar den

Vorschlag, die Angelegenheit so zu regeln. Aufgrund des Videos hätte es wahrscheinlich sowieso jeder erfahren. Ich bitte euch, diesen Vorfall ernst zu nehmen, aber auch die Entschuldigung zu akzeptieren. Gebt bitte Paul und Erik eine zweite Chance", sagte der Rektor.

Paul und Erik hatten einen hochroten Kopf und waren sichtlich nervös, aber sie hatten den Mut dazu, sich bei Lisa vor der ganzen Klasse glaubhaft zu entschuldigen. Bei der Entschuldigung übergaben sie Lisa eine ganze Tüte mit Schokoriegeln, als weiteres Zeichen der Entschuldigung. Lisa war sichtlich gerührt, um den ganzen Rummel um sie herum und schüttelte Pauls und Eriks Hände, um die Entschuldigung anzunehmen. Danach richtete Pauls Vater noch einmal kurz das Wort an die Klasse:

„Ich danke euch ganz herzlich, dass ihr die Entschuldigung annehmt und da spreche ich auch im Namen von Eriks Familie. Mein Sohn Paul hat als Hauptverantwortlicher die Tüte Schokoriegel von seinem Taschengeld kaufen müssen. Aber wir wollten uns auch nicht lumpen lassen, und so haben wir auch noch weitere Tüten an diversen Schokoriegeln gekauft, damit die ganze Klasse in der nächsten Woche immer etwas Süßes für zwischendurch hat, von mehr hat mir mein Zahnarzt abgeraten", sagte Pauls Vater.

Nach diesem letzten Satz musste die ganze Klasse lachen und das Eis war gebrochen. Die Eltern packten die Tüten raus und die ganze Klasse fiel darüber her. Max freute sich und dann sah er noch etwas Herzergreifendes, denn Paul und Erik standen nach wie vor ein wenig schuldig aussehend abseits des Getümmels. Da machte Lisa ihre Tüte Schokoriegel auf, ging zu Paul und Erik und bot ihnen jeweils einen Riegel an. Die nahmen dankend an

Aa Bb Cc Dd Ee Ff Gg H
YUMMY
Erdbär
Röllchen
Extra
Knusper

und schließlich war die ganze Klasse inklusive des Rektors den Rest der Stunde zusammen, aßen Schokoriegel und unterhielten sich angeregt.
Das war mal eine gelungene Aktion!
An diesem Tag kam Max richtig gut gelaunt nach Hause und das nicht nur, weil er Geburtstag hatte. Heute konnte er auch direkt nach Hause gehen, da er dort alle für die Familienfeier treffen würde. Der Tag war bis jetzt schon so unendlich spannend, aber trotzdem war Max immer noch gespannt, wie der Tag im Kreis der Familie enden würde.
Als er zu Hause eintraf, standen bereits alle in der Tür und empfingen ihn mit strahlenden Gesichtern. Natürlich würde auch wieder das ein oder andere Geburtstagsständchen angestimmt und es duftete herrlich nach Kaffee und frisch gebackenen Kuchen. Max musste sich noch ein wenig gedulden, bis er endlich seine restlichen Geschenke öffnen durfte, denn das war erst nach dem Kaffeetrinken erlaubt.
Ganz unverhofft ergriff sein Vater die Initiative und hielt eine Ansprache: „Liebes Geburtstagskind, wir haben alle eine wilde, vor allem lehrreiche Woche hinter uns. Deine Großeltern haben mir berichtet, wie du auch sie über das Thema Geld und all seinen Randthemen ausgefragt hast und wir alle waren echt baff, dass du in deinem Alter schon in der Lage bist, die Zusammenhänge richtig zu erkennen. Mit Verlaub kann ich sagen, dass wir echt stolz auf dich sind!
Natürlich habe ich auch über die herrlich kreative Art und Weise mit deinen Großeltern gesprochen, wie du versucht hast, deinen Sparbetrag von 25,– Euro zusammenzubekommen. Sie waren genau so begeistert wie ich heute Morgen. Sie werden dir nicht nur

auch die 5,– Euro, sondern 5,50 Euro im Monat dazuschießen, das müsste genau der fehlende Betrag sein, wenn ich mich nicht verrechnet habe. Was sagst du nun?“, fragte der Vater.
„Wow, das ist ja klasse, ihr seid die Besten, ich danke euch, juhu…“, kam es aus Max heraus.
Nachdem er sich wieder ein wenig gefasst hatte, kündigte er an, dass er auch noch etwas zu sagen hatte, denn so schnell ist Max mit seinem Masterplan natürlich nicht fertig.
„Da ihr ja selbst erkannt habt, dass ich mit Geld umgehen kann, möchte ich euch um einen letzten Gefallen bitten. Als ich heute Morgen meinen ersten Blick auf den Gabentisch richten konnte, wurde meine gestrige Vorüberlegung bestätigt. Eigentlich ist das doch viel zu viel, damit will ich natürlich nicht einfach sagen, dass ihr mir weniger schenken sollt. Ich möchte euch bitten, mir offen den Geldbetrag zu nennen, für den ich mir künftig Geschenke aussuchen darf. Ich werde meine Wunschliste entsprechend gestalten, dass dann der Rest durch einen Geldumschlag aufgefüllt werden kann, so kann ich noch zusätzlich mein Sparschwein füttern“, sagte Max.
Die Eltern und Großeltern schauten sich zuerst etwas fassungslos an, aber der Junge hatte ja recht und nach einer kurzen Diskussion legten sie ihren Richtbetrag offen.
„Ich habe mir jetzt noch folgendes für die Zukunft überlegt und das würde ich gerne mit euch besiegeln.
Ich werde mir in Zukunft zu Weihnachten und zu meinem Geburtstag sowohl von Mama und Papa als auch auch von Oma und Opa jeweils 25,– Euro weniger wünschen. Die 50,– Euro pro Anlass werde ich dann in dieses Sparschwein stecken, zusätzlich zu dem 25,– Euro-Fondssparplan. Das Bargeld bildet dann meine

Rücklagen und der Sparplan ist für den privaten Vermögensaufbau und ich habe vor, diesen erst mit meiner Rente zu stoppen. Was sagt ihr dazu?
Alle jubelten und freuten sich für Max, das war ein wichtiger Schritt in seinem jungen Alter, um für das Leben gerüstet zu sein. Damit das Sparschwein nicht bis Weihnachten mit leerem Magen hungern müsse, wurden auch gleich die ersten Münzen hineingeschmissen. Alle waren glücklich.

# 8 Der Sparschweinbaum

Als an diesem Abend die Großeltern von Max das Haus verließen, zog Max sich auf sein Zimmer zurück und legte sich auf sein Bett, um alles nochmal Revue passieren zu lassen. Da er noch ein wenig Hunger hatte, nach all dem ungesunden Zeug, nahm er sich einen schönen roten Apfel mit aufs Zimmer. Als er da so lag und in den Apfel biss und dabei sein Sparschwein betrachtete, kam ihm ein Gedanke. Wenn ich einen Apfel habe, hat dieser Kerne, und wenn ich nun einen Kern einpflanze und immer Dünger und Wasser hinzugebe, dann wächst daraus langsam ein schöner Apfelbaum und wenn ich ihn immer weiter gut behandle, dann wird er auch in Zukunft immer mehr schöne, reife Äpfel tragen. Genauso ist es doch mit meinem Sparschwein.

Wenn man das Sparschwein regelmäßig mit Geld füttert, hat man irgendwann die Möglichkeit, einen Fondsparplan zu starten. Dieser Sparplan und natürlich auch das Sparschwein werden immer weiter, Monat für Monat gefüllt, und das Jahr für Jahr. Wenn man dies lange genug tut, dann würde aus dem Sparschwein schließlich ein ganzer Sparschweinbaum entstehen, mit vielen, erst kleinen und dann immer größeren und weiteren Sparschweinen.

Stellt euch das doch mal vor, ihr habt einen schönen Baum im Garten, aber anstatt dass Äpfel an ihm wachsen, ist dieser Baum mit lauter Sparschweinen bestückt und in jedem Sparschwein ist euer Geld und es wächst und wächst und alles hat mal mit 25,– Euro im Monat angefangen.

Damit man mal ein Gespür für die Größe und Pracht eines solchen Sparschweinbaumes bekommt, möchte ich mit euch zum Abschluss ein kleines Rechenbeispiel durchgehen.

Nehmen wir mal an, Max fängt pünktlich mit 12 Jahren, wie in der Geschichte erzählt, mit seinem Fondsparplan an und zieht das bis zu seiner Rente hin durch. Nehmen wir nun an, dass Max mit 67 Jahren in Rente geht, das wird bestimmt erst deutlich später der Fall sein, doch zum heutigen Zeitpunkt wäre es noch so, dann würde der Sparplan genau 55 Jahre laufen. Der Sparbetrag ist 25,– Euro monatlich, ich denke, es klingt nicht unrealistisch, wenn ich sage, dass dies ein überschaubarer Betrag ist. Zum Schluss nehmen wir sehr konservativ an, dass sich der Fonds mit jährlich 4 % entwickelt. An diesem Punkt können sich natürlich die Geister scheiden, aber ich habe diesen Wert bewusst eher niedrig angesetzt und keine gewagteren Annahmen wie 6 bis 8 % getroffen, die bei einem Aktienfonds aber durchaus möglich sind.

Max würde dann über die Jahre 16.500,– Euro in diesen Fonds einzahlen und hätte am Ende nach Abzug der Kosten ca. 47.000,– Euro, bei 6 % Rendite ca. 96.000,– Euro und bei 8 % sogar ca. 207.000,– Euro.

Ich schreibe hier von Ca.-Werten, da natürlich je nach Fonds und auch je nach der depotführenden Bank immer unterschiedliche Kosten, wie Depotgebühren und Ausgabeaufschläge, anfallen, Ich habe für die Berechnung erst einmal keine Depotgebühren und einen durchschnittlichen Ausgabeaufschlag von 4 % angenommen.

Jetzt ein Appell an alle Eltern und noch werdende Eltern, bitte starten Sie am besten einen Sparplan schon bei Geburt des Kindes, wenn es finanziell irgendwie möglich ist. Durch die zusätzlichen 12 Jahre erhöht sich das investierte Kapital nur um 3.600,– Euro auf 20.100,– Euro, aber der Endbetrag klettert auf ca. 75.000,– Euro bei 4 % Rendite, bei 6 % auf 187.000,– Euro und bei 8 % auf unglaubliche 495.000,– Euro.

Es ist doch immer wieder verwunderlich und schön, dass aus etwas sehr Kleinem oft auch etwas ganz Großes werden kann. Es braucht halt nur seine Zeit! Und je früher man anfängt, desto mehr Zeit hat man!

Ich möchte jeden ermutigen, so früh wie möglich mit dem privaten Vermögensaufbau anzufangen. Egal mit welchen Beträgen, es ist nicht schlimm, wenn dein Sparschweinbaum langsam wächst, aber er wächst und wächst und später im Alter, wenn die Erntezeit kommt, dann werden die Früchte köstlich schmecken.

Fang an und pflanze den ersten Samen für deinen eigenen Sparschweinbaum!

Gudd-Zweck-® Buch

… weil es Spaß macht zu helfen!

## 9 Gudd-Zweck-Prinzip

Nun, jetzt hast du doch bestimmt gedacht, dass wir fertig sind und du wolltest bestimmt gerade loslegen und dir einen Plan aufstellen, wie du die Grundlage für deinen eigenen Sparschweinbaum schaffst.
Das ist auch genau richtig so, aber es gibt noch einen Punkt, der mir sehr am Herzen liegt. Im Leben ist es immer wichtig und ich habe das noch von meinen Eltern gelernt: „Du sollst nicht nur nehmen, sondern auch etwas geben in deinem Leben."
So, oder zumindest so ähnlich, wurde mir das früher gesagt. Nun muss ich zu meiner Schande gestehen, dass ich mich nicht immer daran gehalten habe, da ich die Wichtigkeit nicht wirklich erkannt hatte. Mit meiner finanziellen Ausbildung, die ich die letzten Jahre genossen habe, bin ich erst jetzt wirklich dahinter gekommen. Man kann es selbst mit der eigenen Antwort auf die folgende Frage testen.
Was meinst du, würde man dir eher in einer Notlage helfen, wenn

man dich erstens dafür kennt, dass du selbst immer bereit bist zu helfen, oder wenn du zweitens dafür bekannt bist, immer nur an dich selbst zu denken?

Ich tippe mal, dass du jetzt bestimmt zur ersteren Variante tendierst. Genau so funktioniert unser Universum. Nur wenn man selber bereit ist zu geben, wird der Reichtum zu einem selbst finden. Mit Reichtum meine ich jetzt nicht nur ausschließlich finanziellen Reichtum. Das kann auf vielen Ebenen stattfinden. Das funktioniert auch mit Liebe, Freundschaft, Zeit und anderen Dingen.

Nun gibt es hier aber eine kleine Zwickmühle. Denn ihr als meine Leserschaft seid tendenziell etwas jünger, vielleicht noch nicht im Berufsleben, und wenn wir teilweise über 3 bis 5 Euro Taschengeld pro Woche sprechen, dann ist das schwierig mit dem Geben. An dieser Stelle möchte ich auch noch mal betonen, dass man sich in diesem Zusammenhang mit Geld sowieso nicht einfach freikaufen kann. Es muss von Herzen kommen und man sollte es sich vorher, wie mit allen Dingen im Leben, gut überlegen, worin man sein Geld oder seine Zeit investiert. Es gibt hier auch keine Prozentzahl, die ich niederschreiben möchte, um Euch einen Vorschlag zu machen, wie viel man von seinem verfügbaren Geld nehmen sollte, um Gutes zu tun. Das müsst ihr selbst herausfinden.

Und da kommt das Gudd-Zweck-Prinzip ins Spiel. Denn anstatt einfach nur Geld zu geben, um sich besser zu fühlen, ist es doch noch viel besser, einfach selbst etwas Gutes zu tun oder etwas für einen guten Zweck zu tun, also Gudd-Zweck eben.

Mein guter Freund Michael Roos hat mit seiner lieben Frau Michaela die Gudd-Zweck-Idee geboren und du kannst dich gerne

unter www.gudd-zweck.de hierzu informieren. Ich möchte dich bitten, das am besten genau jetzt zu tun!
Ich persönlich finde das unterstützte Projekt „BRILLEN ohne GRENZEN“ genial. Jeder kann mit ganz wenig Aufwand bei dieser „Brillen-Hilfs-Aktion“ anderen Menschen helfen, die der Hilfe weltweit bedürfen. Du musst dazu nicht viel Aufwand betreiben – einfach nur mitmachen!
Du kannst dich zum Beispiel dazu bereit erklären, die Brillen anzunehmen und zu sammeln. Wenn ein Paket voll ist, dieses an die zuständige Adresse versenden. Oder du rufst eine gezielte Sammelaktion an deiner Schule ins Leben und so weiter. Hier gibt es kaum eine Grenze. Sei kreativ und vor allem mach mit!
Aber ich möchte an dieser Stelle nicht nur einfach dafür plädieren, dass du am besten noch heute anfängst, etwas Gutes zu tun. Ich bin mir sicher, dass es wichtig ist, mit gutem Beispiel voranzugehen.
Ich werde nicht nur selbst bei dieser Aktion teilnehmen und Brillen sammeln, sondern ich werde von jedem verkauften Buch oder Sparschwein, das du auf meiner Internetseite **www.sparschweinbaum.de** kaufst, einen bestimmten Betrag in Fonds anlegen. Wie viel das ist, erfährst du natürlich auch auf meiner Internetseite. Diese Fonds liegen in einem separaten Depot und wir kreieren so einen Sparschweinbaum nur für gute Zwecke. Mit den Dividenden, die das Depot abwirft, werden von mir ausgewählte Projekte finanziell unterstützt. Zum Anfang ist es das Projekt „BRILLEN ohne GRENZEN“. Mit steigenden Dividenden kommen weitere Projekte hinzu. Ab diesem Zeitpunkt, ermögliche ich jedem Käufer, das Projekt welches mit seinem Kauf unterstützt werden soll, selbst zu wählen. Der Sparschweinbaum ist

somit das erste Gudd-Zweck-Buch – lasst uns gemeinsam helfen. Das wird ein riesen Spaß!

Der gewählte Ansatz mit den Fonds steht für die Nachhaltigkeit, die aus meiner Sicht essentiell ist. Es bringt nichts, groß, aber kurz zu denken. Denke an die monatlichen 25,– Euro die zu ca. 500.000,– innerhalb eines Arbeitslebens werden. Und ich denke hier noch viel weiter. Wir haben hier die Möglichkeit, etwas ganz Großes für die Welt zu tun, etwas, was weit über meinen Tod hinaus Bestand haben wird, das verspreche ich dir!
Die Höhe des Fonds und der daraus geflossenen Dividenden etc. findest du immer aktuell auf meiner Internetseite. Hier findest du auch die Adresse, an die du die gesammelten Brillen schicken könntest, sowie alle Unterlagen, wie zum Beispiel den Haushaltsplan, als Download.

**Besuch mich einfach auf: www.sparschweinbaum.de.**

Ich freue mich auf dich!

# 10 Bonuskapitel – Das Ernten

Liebe Sparfüchse, eigentlich wollte ich erst auf dieses Kapitel verzichten, da ich ja mit meinem Buch genau das Gegenteil erreichen will.
Solange euer persönlicher Sparschweinbaum ein kleines Pflänzchen ist, ist dieses noch schwach und kaum überlebensfähig. Ihr müsst euch gut darum kümmern. Wenn er einmal groß und stark ist und voller Sparschweine hängt, ist es einfach ein paar Früchte zu pflücken. Das wird dem Sparschweinbaum nichts anhaben und schon bald werden neue Sparschweine an den alten Stellen nachwachsen.
Aber die vielen Anregungen und somit auch die konstruktive Kritik haben mir klargemacht, dass dieses Thema extrem wichtig ist. Denn das Leben schreibt seine eigenen Geschichten und fragt nicht vorher nach, ob es gerade passt oder nicht.
Wenn das Schicksal zuschlägt, muss gehandelt werden. Natürlich sollte man auch in so einer Situation versuchen, einen klaren Kopf zu bewahren. Das klingt zwar schwierig, ist es aber nicht. In so einer Situation ist es nur hilfreich, wenn man vorher eine finanzielle Strategie hat.
Trotzdem möchte ich an dieser Stelle ganz klar sagen, dass man auf keinen Fall sein zartes Geld-Pflänzchen anrühren sollte, wenn es nicht unbedingt nötig ist.
Wie ich schon in früheren Kapiteln geschrieben habe, ist es genau aus diesem Grund wichtig, genügend Rücklagen anzusparen. Vor allem, wenn man als junger Erwachsener das Elternhaus verlässt. Denn bis dahin springen oft die Eltern ein, wenn sie es sich leisten können.

**Tipp 1:** So früh wie irgend möglich mit dem Rücklagensparen anfangen. Denn in der Zeit, wo man noch unter dem Schutz des Elternhauses steht, kann man sich langsam, aber stetig ein nettes, finanzielles Polster aufbauen.
**Tipp 2:** Niemals für den reinen Konsum seine Rücklagen ohne Grund angreifen. Wenn man es sich eigentlich nicht leisten kann, dann muss es zum Beispiel kein neuer, großer Fernseher sein. Wenn die Anschaffung nur vorgenommen wird, um bei Freunden anzukommen, oder weil die Werbung so gigantisch ist, dann sofort die Notbremse ziehen. Gerade Elektronik hilft einem vielleicht für 2 bis 3 Monate ein tolles Gefühl zu haben. Spätestens dann gibt es neue, noch bessere Modelle. Selbst falls das mit dem Nachfolgemodell länger dauert, ist der neue Fernseher spätestens nach dieser Zeit für deine Wahrnehmung der neue Standard und somit nichts Besonderes mehr.
Hier eine ganz große Bitte: Stelle bitte jede Anschaffung auf den Prüfstand und vermeide unnötige Anschaffungen!!!
**Tipp 3:** Bevor man an die Rücklagen geht oder gar an das im Aufbau befindliche Sparschweinbäumchen, unbedingt alle anderen Geldquellen überprüfen. Fragt eure Eltern oder Verwandten, diese helfen oft gern, wenn du nicht selbst schuld bist.
Die Rücklagen sind ausschließlich für Notfälle da. Also wenn zum Beispiel die Waschmaschine kaputtgeht, dann braucht man natürlich eine neue.
Wenn also nichts mehr geht und es keine andere Geldquelle gibt, dann musst du natürlich ans Eingemachte und so viel von deinem Sparschweinbaum nehmen wie nötig. Fang dann so schnell wie möglich wieder an, das geschwächte Bäumchen und seine Sparschweine zu füllen und aufzubauen. Dann ist das Ganze nur ein Rückschlag, aber keine Niederlage.

So möchte ich das letzte Kapitel aber nicht abschließen. Daher gebe ich dir jetzt noch einen sehr wertvollen Tipp mit auf den Weg, wie du es schaffst, noch schneller deine Rücklagen aufzufüllen, ohne das du es eigentlich merkst.
Dieser Tipp ist ab dem Zeitpunkt extrem wichtig, ab dem du einer regelmäßigen Arbeit nachgehst, dein erstes Gehalt bekommst und höchstwahrscheinlich nicht mehr im Elternhaus wohnst.
Benutze das Zwei-Konten-Modell. Hierfür halte dich einfach an die folgenden Schritte.

1. Stelle als Erstes einen Haushaltsplan auf, wenn du das nicht schon längst getan hast. Wenn dieser fertig ist, und er hoffentlich einen positiven Überschuss signalisiert, bestimme deinen Sparbetrag, indem du mindestens die Hälfte des Überschusses verwendest.
2. Schaue dir die Ausgabenseite genauer an. Nehme alle wiederkehrenden Zahlungen wie Miete, Versicherungen, KFZ-Steuern, Abos, Telefon, Kreditraten, Fahrkarten etc. und addiere diese für ein ganzes Jahr. Ganz wichtig ist, dass du nur die fixen wiederkehrenden Ausgaben nimmst. Alle Kosten wie Essen, Tanken, Klamotten, Spiele etc. variieren von Monat zu Monat und werden ausgeklammert. Das heißt, wenn es ein monatlicher Betrag ist, dann nehme diesen mal zwölf, wird er quartalsweise eingezogen mal vier und wird er halbjährlich eingezogen mal zwei. Das sind zumindest die üblichen Abrechnungszeiträume. Addiere alle Positionen. Addiere jetzt noch deinen Sparbetrag (Rücklagen + 25,– Euro oder höher für deinen Sparschweinbaum) hinzu. Diese Summe nennen wir jetzt mal (groß) X.

## Die Sparschweinbaum-Version des 2 Konten-Modells

**Vor der Umstellung sieht es wahrscheinlich so oder so ähnlich bei dir aus:**

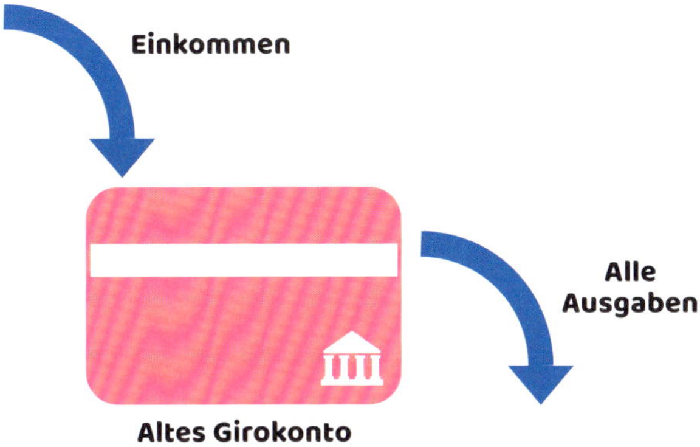


**Nach der Umstellung sollte es bei dir so aussehen:**

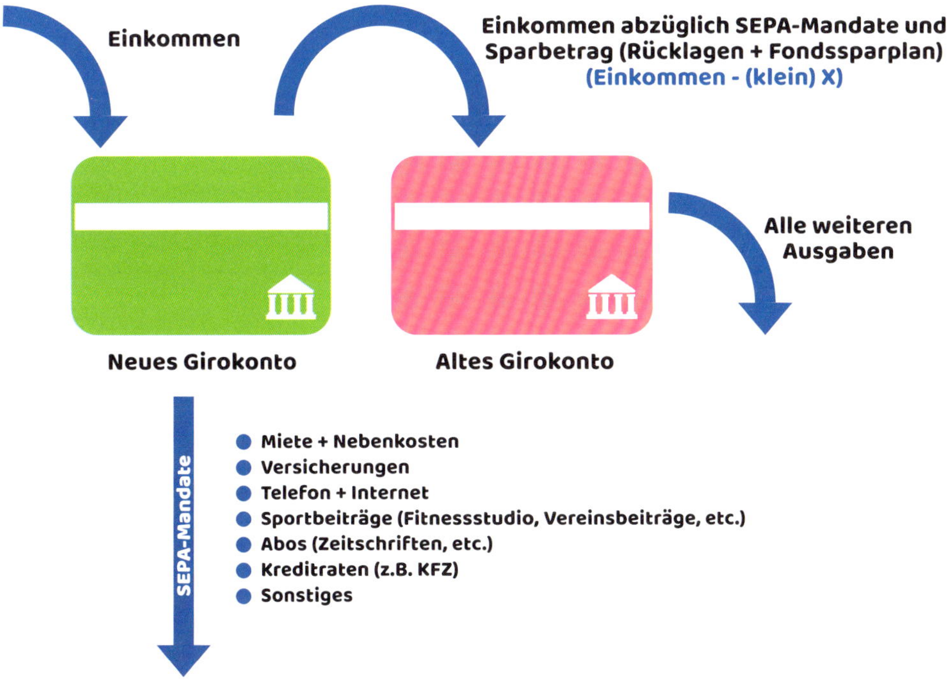

3. Jetzt hole dir den Kontostand deines Rücklagenkontos. Wenn dieser größer oder gleich (groß) X ist, dann gratuliere ich dir ganz herzlich und du kannst sofort, nachdem du Schritt 4 erledigt hast, zum Schritt 7 springen. Falls nicht teile die Summe (groß) X durch 12, um den monatlichen Betrag zu bekommen, den wir (klein) x taufen. Diesen brauchst du monatlich, um alle Ausgaben und deinen Sparbetrag zu bedienen.
4. Eröffne ein zweites, möglichst kostenfreies Konto.
5. Lass dein Gehalt auf das neue Konto einzahlen. Ziehe davon (klein) x ab und überweise diesen Betrag per Dauerauftrag zum Monatsersten auf dein bekanntes Konto, welches du ja sowieso schon immer benutzt hast. Mit diesem Konto begleichst du alle variablen Kosten wie gewohnt. Gefühlt ändert sich für dich also nicht wirklich etwas.
6. Stelle alle wiederkehrenden Ausgaben auf das Lastschriftverfahren (SEPA-Mandat) für das neue Konto um. Ändere auch bei allen vorhandenen SEPA-Mandaten die Kontoverbindung auf dein neues Konto. Das macht einmalig ein bisschen Arbeit, zahlt sich aber für dich aus.

Jetzt passiert Folgendes. Ohne, dass du es merkst, bezahlst du alle wiederkehrenden, fixen Kosten und sparst deine Rücklagen. Wenn dein Haushaltsplan genau war, wirst du mit dem übrigen Betrag ganz normal auskommen. Auch hier hast du eine Reserve, da du ja nur 50 % des Überschusses für den Sparbetrag nimmst und die andere Hälfte als Puffer zum Leben hast.

7. Sobald deine Rücklagen den Betrag (groß) X erreicht haben, geht der Spaß erst so richtig los. Nun ist es so weit, dass du bei

allen Institutionen, die von deinem Konto regelmäßig Raten abbuchen, wie zum Beispiel die Versicherungen etc., anrufst. Setze bitte alle Verträge auf eine jährliche Zahlung mit Abbuchungsvollmacht. Das bringt dir zwischen 3 bis 5 % Kostenersparnis. Wenn ein Institut die jährliche Zahlungsweise nicht honoriert, kannst du selbstverständlich alles so belassen, wie es war. Die entstehenden Ersparnisse sind dann die Zinsen dafür, dass du so fleißig sparst. Das nenne ich cleveres Sparen, denn die normalen Girokonten oder Sparbücher werfen ja zurzeit keine oder zumindest sehr geringe Zinsen ab. Für eine 100 % sichere Anlage sind 3 bis 5% eine richtig gute Verzinsung. An den Zahlungen zwischen deinen beiden Konten ändere bitte nichts. Je nachdem wie viel diese 3 bis 5 % Ersparnis ist, kannst du darüber nachdenken, deinen Sparbeitrag für den Fondssparplan anteilig zu erhöhen, dann wächst dein Sparschweinbaum noch schneller.

So, ich hoffe das letzte Kapitel hilft dir noch mal auf den richtigen Weg. Ich freue mich sehr, von dir zu hören, wie es mit deinem persönlichen Sparschweinbaum so läuft. Lass mich bitte auch wissen, ob mein Tipp mit dem Rücklagensparen dich vor finanziellen Engpässen bewahrt hat.
Gib mir Bescheid!

Dein
Bernd Grigat

# 11 Buchempfehlungen

Da ich den Inhalt dieses Buches in einer Geschichte verpacke, gibt es keinerlei verwendete Zitate etc. aus anderen Büchern, trotzdem habe ich viele Bücher gelesen, die mir dabei geholfen haben, dieses Buch zu schreiben. Auch wenn ich keine direkten Verweise angeben kann, will ich die Werke und vor allem die Autoren würdigen und nenne sie hier nicht nur, sondern kommentiere auch ihren Inhalt. Die Reihenfolge spiegelt die thematische Abfolge in meiner Geschichte wider. Ich möchte dich dazu auffordern, diese Bücher auch zu lesen, um dein Verständnis weiter auszubauen. Auf meiner Internetseite **www.sparschweinbaum.de** findest du den aktuellen Link, um die Bücher zu bestellen. Auch findest du hier Bücher, die noch nicht erwähnt wurden, weil ich sie erst später, nach Fertigstellung des Buches gelesen habe. Daher lohnt sich ein Blick von Zeit zu Zeit.

## Sparschwein, Bank und Taschengeld: Rund um unser Geld

Gebundene Ausgabe – Juli 2009
von Astrid Hille (Autor),
Dina Schäfer (Autor),
Barbara Stachuletz (Autor)

Dieses Buch ist der perfekte Einstieg in das Thema Geld und kann gerne auch schon von deutlich jüngeren Lesern gelesen werden. Es ist die perfekte Vorbereitung für dieses Buch. Die Geschichten sind kurz, geben dabei aber einen guten Überblick. Vor allem ist das Buch liebevoll illustriert worden, und es macht Spaß, sich mit dem Thema Geld zu beschäftigen.

Ich wünsche allen Lesern viel Vergnügen mit diesem Buch.

## Geld, Kredit und Banken: Eine Einführung

(Springer-Lehrbuch) Taschenbuch – 2. Oktober 2011
von Horst Gischer (Autor), Bernhard Herz (Mitwirkender), Lukas Menkhoff (Mitwirkender)

Wenn es um das Thema Geld und den Finanzsektor im Allgemeinen geht, ist dies das Buch meiner Wahl. Aber Achtung, es ist nicht für Kinder und Jugendliche geeignet, eher für Studenten der Ökonomie. Die Autoren stellen dies auch in ihrem Vorwort eindeutig klar.
Es ist aber für ein wissenschaftliches Lehrbuch sehr gut geschrieben. Vor allem, wenn ich mit meinem Buch „Der Sparschweinbaum“ das Interesse für das Thema Geld entfacht habe und eine gewisse Grundkenntnis in betriebswirtschaftlicher und volkswirtschaftlicher Ausbildung vorhanden ist, ist dieses Buch ideal dazu geeignet, sein Wissen zu vertiefen.

## Rente oder Wohlstand: Wer sich auf die Rente verlässt, wird niemals finanziell frei!

Taschenbuch – 11. April 2016
von Bodo Schäfer (Autor)

Dieses Buch kann ich wirklich nur wärmstens empfehlen. Ich habe zwar selbst nur die vorherige Auflage mit dem Titel: K(leine) Rente … na und? komplett gelesen, konnte aber die jetzige Version bei meiner Schwiegermutter querlesen. Bodo Schäfer hat mit diesem Buch alles auf den neusten Stand gebracht und überarbeitet. Er versteht es, sehr anschaulich aufzuzeigen, warum es ein absolutes Trugbild ist zu glauben, dass durch die Rente allein der Lebensabend gesichert ist. Er liefert auch viel mehr Aspekte in seinem Buch, als es mir im Kontext von Max möglich war. Aber das ist nicht alles, denn anstatt die Ist-Situation nur zu kritisieren, gibt er im zweiten Teil gute Vorschläge, was man privat alles tun kann, um das Alter in allen Zügen zu genießen. Hierbei versteht es Bodo Schäfer, mit einer klaren, vor allem verständlichen Sprache dieses komplexe Thema zu veranschaulichen. Ein echtes Muss für alle, die es selbst anpacken wollen.

**Cashflow Quadrant: Rich dad, poor dad**
Gebundene Ausgabe – 14. November 2014
von Robert T. Kiyosaki

In diesem Buch werden die vier Wege bzw. Arten, Geld zu verdienen in die vier Quadranten eingeteilt:

E = „Employee“ beziehungsweise Angestellter in Deutsch
S = Selbstständiger
B = „Business owner“ beziehungsweise Geschäftsinhaber in Deutsch
I = Investor

Robert T. Kiyosaki versteht es hierbei sehr gut, auf beide Seiten des Cashflow-Quadranten einzugehen und die Fürs und Wieder zu besprechen und er zeigt auch, dass es nicht unbedingt darauf ankommt, erst viel Geld zu besitzen, um auf der rechten Seite tätig zu werden. Auch hier kommt es auf die richtige Einstellung an und auf den Grad der finanziellen Ausbildung. Er selbst hat seine Erfahrungen von seinen beiden Vätern gelernt, zum einen seinem leiblichen Vater und zum anderen vom Vater seines besten Freundes. Das Buch ist super zu lesen und gibt einem viele praktische Tipps.

## Der reichste Mann von Babylon: Erfolgsgeheimnisse der Antike – Der erste Schritt in die finanzielle Freiheit

Taschenbuch – 1. Januar 2002
von George Samuel Clason (Autor), Antoinette Gittinger (Übersetzerin)

Dieses Buch bringt die Geheimnisse, wie man Reichtum anhäufen kann, auf den Punkt, ohne viel Schnick-schnack, sondern anhand einer lebensnahen Geschichte aus der Antike. Jeder kann diese Geschichte und die Gedankengänge nachvollziehen und für sich umsetzen. Hierzu ist keine Fachkenntnis nötig, da der gesamte Inhalt anhand einer interessanten Geschichte mit einfachen Worten erzählt wird.
Die fünf Gesetze des Goldes sind ein echter Wegweiser für den Umgang mit Geld und haben bis heute nicht an Bedeutung verloren.
Für das Buch gibt es aus meiner Sicht auch keine echte Altersempfehlung, da jeder, der lesen kann, aus diesem Buch seinen Mehrwert ziehen wird.
Wenn man sich selbst mit dem Thema beschäftigen möchte, ist dieses Buch ein absolutes Muss.

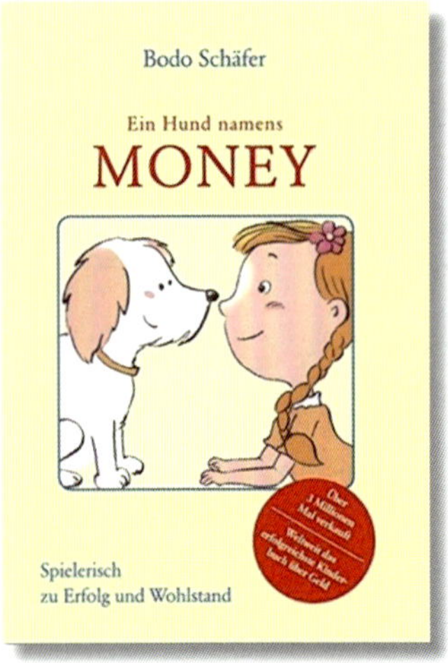


## Ein Hund namens Money

Gebundene Ausgabe – 1. April 2012
von Bodo Schäfer (Autor)

Dieses Buch lege ich allen Lesern meines Buches besonders ans Herz. Die Geschichte von Kira und ihrem Labrador Money ergänzt sich exzellent mit den Inhalten dieses Buches.
Es adressiert den gleichen Leserkreis und zeigt hierbei viele Möglichkeiten, sich schon im Kindesalter ein Vermögen aufzubauen, indem die Einkommensseite durch den richtigen Job erhöht wird, aber das verdiente Geld dann nicht einfach für den Konsum verwendet wird, sondern gespart und später dann auch gewinnbringend angelegt wird.
Bodo Schäfer schafft es in diesem Buch, den Umgang mit Geld in eine spannende und wirklich unterhaltsame Geschichte zu verpacken. Dieses Buch solltest du unbedingt lesen.

## Kira und der Kern des Donut

Gebundene Ausgabe – 18. April 2008
von Bodo Schäfer (Autor)

Normalerweise sollen meine Buchempfehlungen wie ein roter Faden durch die Themen meines Buches leiten. Hier mache ich eine kleine Ausnahme, da es die Geschichte von Kira weitererzählt und ein Themenfeld bearbeitet, welches die Gedanken dieses Buches weiterführt. Denn, um im Leben richtig erfolgreich zu sein und ein echtes Vermögen aufzubauen, muss man nicht nur lernen, wie man spart oder mit Geld umzugehen hat, sondern man muss auch seinen eigenen Charakter richtig bilden.
Auch wenn ich selbst dieses Thema nicht behandle, ist es richtig, das Buch an dieser Stelle zu erwähnen. Das hat nichts mit irgendeiner Vorliebe für Bücher von Bodo Schäfer zu tun, sondern ist als logischer Schritt zu verstehen. Du musst an allen wichtigen Stellschrauben drehen und der eigene Charakter gehört nun mal dazu.
Bodo Schäfer erklärt diese Charakterbildung in sieben Schritten beziehungsweise sieben Lehren:

1. Freundlichkeit
2. Verantwortung übernehmen
3. Andere aufbauen
4. Helfen und geben
5. Dankbarkeit
6. Lernen
7. Zuverlässigkeit

Du solltest dieses Buch auf jeden Fall lesen, ich kann es dir nur wärmstens empfehlen.

## Der Weg zur finanziellen Freiheit: Die erste Million

Taschenbuch – 1. April 2003
von Bodo Schäfer (Autor)

Dieses Buch ist der absolute Bestseller von Bodo Schäfer. Er gibt in diesem Buch alle praktischen Grundlagen, sich sein eigenes Vermögen aufzubauen. Wichtig hierbei ist am Anfang die richtige Einstellung zum Geld und das Setzen von ambitionierten Zielen. Dann zeigt er einem, dass man nur reich werden kann, wenn man Geld spart und nicht ausgibt. Das ist der Schlüssel zum Reichtum. Er zeigt einem aber auch, wie man aus den Schulden herauskommen kann, und da er selbst am Anfang seiner Karriere viele Schulden hatte, glaubt man ihm sofort, wenn er von diesem Thema spricht.
Wenn man diese Punkte alle umgesetzt hat und das erste gesparte Geld vorhanden ist, gibt er einem aber auch die nötige Strategie an die Hand, wie man auf der einen Seite es schaffen kann, mehr Geld zu verdienen und wie man das Geld am besten anlegt, damit es sich gut vermehrt.

**Bausparen 2017: Zahlen, Daten, Fakten (Haufe Kompass)**
Broschiert – 7. Februar 2017
von Robert Fischer (Autor)

Wenn man alle aktuellen Zahlen, Daten und Fakten zum Thema Bausparen haben möchte, dann ist dieses Buch genau das richtige.
Nicht wirklich gut zu lesen, aber dieses Buch kauft man sich sowieso nur, wenn man Fakten möchte, und diesen Wunsch erfüllt das Buch.
Wenn du also selbst vorhast, einen Bausparvertrag abzuschließen oder planst eine Immobilie zu kaufen, solltest du dir die Zeit nehmen und den ein oder anderen Blick in dieses Werk werfen.

## Geldanlage: Einfache Strategien für Ihre Finanzplanung (WISO)

Taschenbuch – 6. Juni 2017
von Verbraucherzentrale NRW (Herausgeber), Thomas Hammer (Autor)

Dieses Buch beantwortet viele aktuelle Fragen, die ein Leser heutzutage haben kann. Ist mein Geld sicher bei der Bank, auch bei einer Pleite? Wie finde ich einen guten Berater? Bei welcher Altersvorsorge erhalte ich staatliche Förderungen?
Das sind nur einige Beispiele der Themen, die dieses Buch beantwortet.
Es ist ein guter Ratgeber und bestens als Nachschlagewerk geeignet.
Das Buch fängt dabei mit dem Basiswissen an und baut darauf dann nach und nach auf. Das ist für alle klasse, die noch keine Finanzprofis sind. Denn viele Begriffe, die in der Finanzwelt gebraucht werden und die für jede Menge Unverständnis bei den normalen Menschen sorgen, werden gut verständlich erklärt.

## Private Altersvorsorge

Taschenbuch – 19. April 2016
von Christian Eigner (Autor)

Dieses Buch ist gut verständlich geschrieben und gibt dem Leser ein super Grundlagenwissen zu allen Bereichen der privaten Altersvorsorge. Es gibt auch einen guten Überblick, wie man langfristig seine Altersvorsorge planen kann und soll. Hierfür werden alle wichtigen Schritte gut erläutert.
Wenn man sich das nötige Grundwissen angeeignet hat, muss man sich in Zukunft nur noch um die aktuellen Änderungen kümmern. Diese findet man in aktuelleren Büchern, aber natürlich auch im Internet.
Aber die Grundlagen und Ausführungswege haben langfristig ihre Richtigkeit. Es ändern sich meist nur die Zulagenhöhen, die Bemessungsgrenzen etc., die sich quasi jährlich ändern.

**Rich Dad Poor Dad:**
**Was die Reichen ihren Kindern über Geld beibringen**

Taschenbuch – 14. November 2014
von Robert T. Kiyosaki (Autor)

Bei dem Buch handelt es sich auch um einen echten Bestseller. Herr Kiyosaki schafft es auf erstaunlich einfache Weise zu erklären, wie man richtig mit Geld umgehen soll. Er hatte das große Glück zwei Väter zu haben, von denen er lernen konnte. Einen armen Vater (sein leiblicher) und einen reichen Vater (der Vater des besten Freundes).

Eine der wichtigsten Aussagen des Buches und der Grundstock für erfolgreiches Investieren ist die Aussage, dass man immer versuchen soll, sich Vermögenswerte anzuschaffen und keine Verbindlichkeiten.

Manchmal ist diese Unterscheidung gar nicht so einfach zu treffen, aber wenn man den Fluss des Kapitals betrachtet, sieht man, ob am Ende Geld hereinkommt oder Geld herausfließt.

Dieses fundamentale Wissen bekommt man dabei noch anhand der wirklich spannenden Lebensgeschichte von Herr Kiyosaki vermittelt.

Ich kann dieses Buch nur empfehlen, es lohnt sich auf jeden Fall!

## Finanzanlagenfachmann/-frau

Gebundene Ausgabe – 1. August 2015
von Wolfgang Kuckertz (Herausgeber), Ronald Perschke (Herausgeber), Frank Rottenbacher (Herausgeber), Daniel Ziska (Herausgeber)

Für alle, die wie ich Vermögensberater sind oder werden wollen, ist dieses Buch natürlich eine Pflichtlektüre. Aber dafür, dass man mit diesem Buch einen sehr umfangreichen Einblick in das Finanzthema bekommt, ist es erstaunlich gut zu lesen.
Natürlich nicht wirklich wie ein Roman, aber ich hatte es mir am Anfang deutlich schlimmer vorgestellt.
Dieses Buch ist natürlich nur für die sinnvoll, die deutlich tiefer in die Materie einsteigen wollen oder zu diversen Themen ein gutes Nachschlagewerk benötigen. Einige Teile des Buches sind allerdings nicht für jede Person wirklich wichtig, aber das soll jeder selbst entscheiden.

## Wohlstand ohne Stress

Taschenbuch – 1. Mai 2005
von Bodo Schäfer (Autor),
Bernd Reintgen (Autor)

Für alle Menschen, die es in einfachen Worten verstehen möchten, wie man richtig investiert, ist dieses Buch unerlässlich. Die Fußballstrategie des Investments ist aus meiner Sicht ein echtes Highlight und wenn man sich daran hält, ist man immer gut mit seinem Portfolio aufgestellt.

Bodo Schäfer und Bernd Reintgen geben aber darüber hinaus noch viel mehr Input aus allen Bereichen des Lebens, auf die man achten sollte, wenn man sein Ziel der finanziellen Freiheit auch wirklich erreichen will.

Dadurch, dass man eine klare Handlungsanweisung bekommt, ist es auch nicht verwerflich zu sagen, dass das alles ohne Stress funktioniert. Denn dadurch werden Automatismen geschaffen und man muss, wenn diese einmal eingerichtet sind, kaum mehr darüber nachdenken.

Ich kann dieses Buch wirklich jedem empfehlen und ans Herz legen.

# Dein persönlicher Haushaltsplan

| Einnahmen (monatlich) | |
|---|---|
| | |
| | |
| | |
| | |
| | |
| | |
| | |
| | |
| | |
| | |
| | |
| | |
| | |

## Ausgaben (monatlich)

| | |
|---|---|
| | |
| | |
| | |
| | |
| | |
| | |
| | |
| | |
| | |
| | |
| | |
| | |
| | |

# Notizen: